아슬아슬

기후 위기가
궁금해!

별난 세상 별별 역사 ⓗ

아슬아슬 기후 위기가 궁금해!

ⓒ 글터 반딧불, 장경섭 2025

처음 찍은 날 2025년 2월 3일
처음 펴낸 날 2025년 2월 17일

지은이	글터 반딧불
그린이	장경섭
펴낸이	최금옥
기획	글터 반딧불
편집	유학성
디자인	책읽는소리
펴낸곳	이론과실천
	등록 제10-1291호
	(07207) 서울시 영등포구 양평로 21가길 19 우림라이온스밸리 B동 512호
	전화 02-714-9800 │ 팩스 02-702-6655

ISBN 978-89-313-8194-8 73900

아슬아슬

기후 위기가 궁금해!

글터 반딧불 지음 | **장경섭** 그림

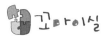
꼬마이실

차 례

제4장 우리가 만든 온실가스

제5장 평균 기온 1.5도와의 전쟁

지구가 더워진다고요?

지구 온난화란 말을 들어 본 적 있니? 지구 표면의 평균 온도가 서서히 오르는 현상을 말해. 날이 따뜻해지니 좋은 것 아니냐고? 천만의 말씀이야. 그로 인해 지구촌 곳곳에서 갖가지 재앙이 일어나고 있거든.

2023년, 구테흐스 유엔 사무총장은 이렇게 선언했어.

"지구 온난화 시대는 끝났다. 이제 지구가 끓는 시대가 시작됐다."

이제까지는 지구 온난화를 걱정해 왔지. 하지만 이제 그것을 넘어 지구가 펄펄 끓는 열대화를 걱정해야 할 때가 되었어.

이런 선언이 나온 건 전 세계적으로 폭염이 기승을 부렸기 때문이야. 문제는 이게 끝이 아니라 시작에 불과하다는 거야. 이런 흐름이 이어진다면 얼마나 더 큰 재앙이 덮쳐 인류의 생존을 위협할지 몰라. 해가 바뀔 때마다 기상이변은 새로운 기록을 써 가고 있어. 점점 강도가 세진다는 의미지. 지구 열대화가 눈앞의 현실이 된다면 미래의 어느 날엔 이런 푸념이 나올 수도 있어.

"지난해 여름은 그래도 살 만했다!"

이건 상상만 해도 끔찍한 일이야. 가만히 앉아서 이 상황을 그저 바라보고만 있어야 할까? 그건 바람직하지 않아. 지구가 왜 이런 병을 앓고 있는지, 지구를 살리기 위해 인류는 어떤 노력을 기울여야 하는지 지금부터 살펴볼까?

지구의 역사는 상상할 수 없을 만큼 길어.
가장 최근에 번성하고 있는 생명체가 바로 인간이야.
지구의 입장에서 보자면 인류의 등장이 그리 달갑지 않을 수도 있어.
지구의 지배자가 되어 끊임없이 자연환경을 파괴하고 괴롭히고 있거든.
문제는 그것이 부메랑처럼 돌아와
인간 자신에게도 해로운 일이 된다는 거야.
위기를 알리는 신호들이 곳곳에서 경고등을 켜고 있단다.

고생대

중생대

신생대

홀로세

제1장

인류세를 맞이한
지구

인류세

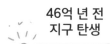

인류가 지구에 머문 시간

　사람은 1년에 한 살씩 나이를 먹어. 우리가 살고 있는 지구도 마찬가지야. 현재 지구의 나이는 46억 년이라고 해. 이게 얼마나 긴 시간인지 가늠이 잘 안 될 거야. 적당한 예를 한번 들어 볼까?

　인류 문명은 약 5천 년의 긴 역사를 가지고 있어. 하지만 지구의 역사에 비하면 아주 짧은 찰나에 지나지 않아. 가령 지구가 1월 1일 0시에 태어났다고 했을 때 5천 년 문명의 역사는 12월 31일 자정에 가까운 시간밖에 되질 않거든. 산업혁명이 일어나 공장을 돌리기 시작한 건 12시 종이 울리기 불과 1.5초 전이야. 자동차가 널리 대중화된 건 1초도 안 되는 시간이고. 그러니 지구의 역사가 얼마나 긴지 짐작이 될 거야.

　지구가 처음 탄생할 때는 지금과 같은 모습이 아니었어. 그냥 둥그런 모양의 불덩어리에 지나지 않았지. 뜨거운 마그마로 뒤덮여 있던 지구는 시간이 지나면서 서서히 식어 얇은 땅껍질이 만들어졌어. 이걸 지각이라고 해. 지구의 역사에서 지각의 형성은 무척 중요해. 생명체가 발붙이고 살 수 있는 토대가 마련되었거든. 38억 년 전쯤의 일이야.

　지각이 만들어진 뒤부터 현재까지를 지질시대라고 불러. 과학자들은 땅속의 암석이나 화석 등을 연구하여 지질시대를 나눴어. 보통은 원시 생명체인

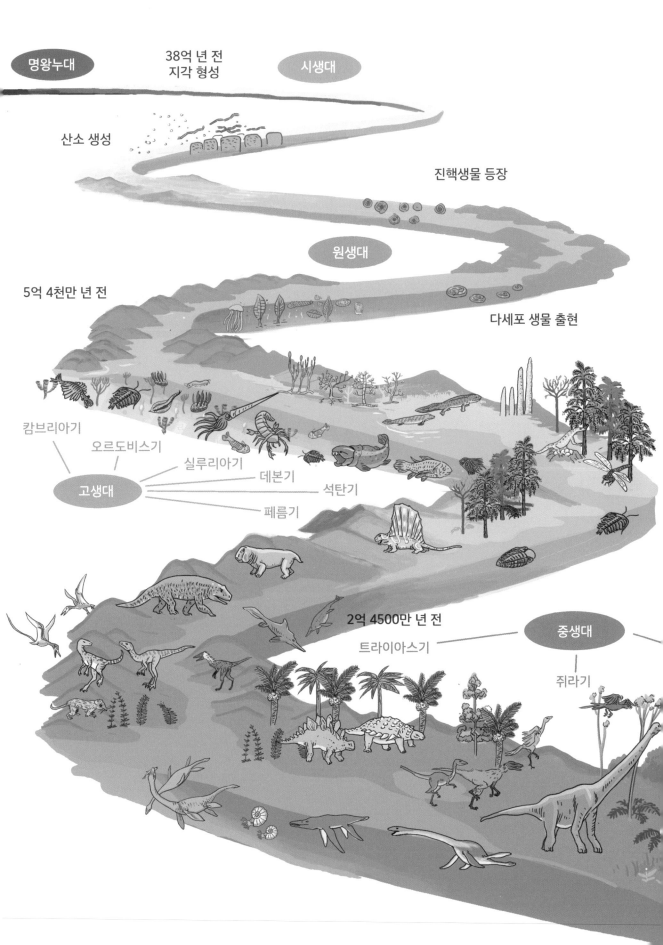

명왕누대

38억 년 전
지각 형성

시생대

산소 생성

진핵생물 등장

원생대

5억 4천만 년 전

다세포 생물 출현

캄브리아기

오르도비스기

실루리아기

데본기

석탄기

고생대

페름기

2억 4500만 년 전

중생대

트라이아스기

쥐라기

다세포 생물이 번성한 원생대, 최초의 육상 생물이 출현한 고생대, 공룡과 같은 파충류가 번성한 중생대, 새끼에게 젖을 먹이는 포유류가 번성한 신생대로 구분해.

하지만 이건 큰 단위의 구분이야. '대' 아래에는 여러 '기'가 있고, 또 그 아래는 '세'로 나눠지지. 예를 들어 공룡의 전성기였던 중생대에는 트라이아스기, 쥐라기, 백악기가 있고, 쥐라기는 다시 전세, 중세, 후세로 세밀하게 나눠어. 뭘 이렇게 골치 아프게 많이 나누냐고? 쉽게 말해 과일에는 사과, 배, 복숭아 등이 있고, 사과는 다시 홍옥, 아오리, 부사 등 여러 종류가 있는 것과 같아.

예컨대, 가장 사납고 무시무시한 육식공룡 '티라노사우르스'가 살던 때는 '중생대–백악기–후세'였으며, 몸집이 가장 큰 '브라키오사우르스'가 살던 때는 '중생대–쥐라기–후세'였어.

그럼 지금 인류는 어느 지질시대에 살고 있냐고? 맨 마지막 시기인 '신생대–4기–홀로세'에 살고 있단다.

인간이 불러온 비극, 인류세

지질시대를 나눌 때는 기후나 생태의 변화 등 시대를 구분 지을 만한 뚜렷한 변화가 있어야 해. 현재 우리가 사는 홀로세는 약 1만 2천 년 전쯤 시작되었는데 '완전한 시대' 혹은 '인류와 자연이 조화로운 시기'란 뜻을 담고 있어. 인류가 생활하기 좋은 최적의 조건이 되었다는 의미야. 빙하기가 끝나고 지구가 따뜻해지기 시작했거든.

인간이 활동하기 좋은 시절이 되자 획기적인 변화가 일어났어. 이 시기를 맞아 인류의 역사는 구석기에서 신석기로 넘어가게 돼. 농사를 짓게 되고 세계 곳곳에서 새로운 문명이 탄생하게 된 거지.

찬란한 문명은 인류의 역사에서는 분명한 발전이야. 하지만 지구의 입장에서 보면 얘기가 좀 달라질 수도 있어. 지나친 인간의 활동으로 인해 환경에 엄청난 악영향을 미쳤거든. 그래서 등장한 말이 '인류세'야. 지금까지의 홀로세가 막을 내리고 새로운 지질시대가 열렸다는 뜻이지.

명칭에서 알 수 있듯 인류의 활동은 지구의 환경에 엄청난 변화를 가져왔어. 문명이 발전하는 과정에서 지구의 땅은 물론이고 바다와 공기에 이르기까지 나쁜 영향을 미쳤어. 인간의 문명이 자연에 없는 각종 화학물질을 만들어 냈기 때문이지. 비닐이나 플라스틱이 대표적인데 이것들은 흙 속에 쌓여서 수천만 년 후에도 그 흔적이 화석처럼 남을 거야.

어디 그뿐이야? 인류가 지구상에 번성하면서 생태계에도 막대한 영향을 미쳤어. 인간의 활동 영역이 넓어지면서 수많은 동식물이 멸종했고, 지금도 멸종하고 있지. 지구의 역사에서 짧은 시간 사이에 행성 전체에 이토록 엄청난 여파를 미친 생명체는 인간이 유일하다고 해.

그런데 안타깝게도 인간을 가장 위협하는 건 인간 자신이야. 인간이 지구의 주인 행세를 하면서 지구 온난화, 해양 오염, 쓰레기 문제 등이 생겨났어. 이런 환경 문제는 부메랑처럼 인류의 생존을 위태롭게 만들고 있어. 그래서 인류가 지구를 손에 넣기 이전과 이후의 시대가 크게 달라졌다는 의미로 '인류세'라는 말이 생겨난 거야. 어쩌면 이것은 인류 스스로에게 경종을 울리는 명칭인지도 몰라. 이렇듯 또 다른 지질시대를 선포할 만큼 지구가 병들고 있으니 우리 자신을 되돌아봐야 할 때가 온 거야.

인류세의 시작은 언제부터일까?

인류세라는 용어는 1980년대 미국의 생물학자인 유진 스토머가 처음 사용한 것으로 알려져 있어. 너무나 낯선 이 용어를 널리 전파한 사람은 노벨화학상을 받은 네덜란드의 과학자 폴 크루첸이야.

"우리는 이제 홀로세가 아니라 인류세에 살고 있다!"

그는 2000년 환경 문제를 의논하는 국제회의에서 이렇게 주장했어.

인간은 다른 동식물과 마찬가지로 오랜 세월 자연환경의 지배를 받으며 살아왔어. 하지만 문명이 발전하면서 산업혁명과 핵무기 개발 등을 통해 지구환경의 지배자로 등장했지. 인간의 활동이 지구환경을 훼손하면서 지층의 역사를 바꾸고 있다는 위기감에 인류세라는 말이 널리 퍼져나갔고, 환경 문제를 상징하는 용어로 자리 잡게 된 거란다.

그렇다면 인류세의 시작을 어디로 봐야 할까? 여기에 관해서는 의견이 분분해. 그중 사람들이 고개를 끄덕일 만한 의견은 두 가지야.

하나는 18세기 산업혁명을 시작점으로 삼자는 의견이야. 크루첸이 제안한 것인데 화석연료의 사용으로 대기 중 이산화탄소의 농도가 높아지기 시작했다는 의미지. 또 하나는 인구가 폭발적으로 증가한 1950년대를 기점으로 삼자는 주장이야. 핵실험의 성공으로 자연에는 거의 존재하지 않던 플루토늄 등의 다양한 방사선 원소들이 지구 전역에 고루 퍼지는 획기적 사건이 있었거든. 아울러 플라스틱이 발명되어 널리 보급된 시기인데 이 쓰레기가 지층에 쌓이면 먼 훗날 인간의 문명을 상징하는 20세기의 대표 화석이 될 수 있다는 얘기지.

지구의 역사에서 가장 무시무시한 사건을 들라면 대멸종이 될 거야. 지구 위에 살던 생명체가 삽시간에 죽음을 맞이한 끔찍한 일이지. 과학자들은 지금까지 다섯 번의 대멸종이 있었다고 해.

맨 처음의 대멸종은 4억 4천 500만 년 전, 고생대 오르도비스기와 실루리아기 사이에 일어났어. 해양 생물 80퍼센트가 멸종했는데 이 시기의 지층에서는 빙하기의 흔적이 많이 발견된다고 해. 그래서 오랜 기간 이어진 추위가 멸종의 원인일 것으로 추정하고 있지.

두 번째는 고생대 데본기에 찾아왔어. 3억 7천만 년 전~3억 6천만 년 전 사이에 비교적 긴 시간을 두고 진행되었지. 멸종의 원인에 대해서는 여러 주장이 있어. 그중 흥미로운 것은 초신성 폭발이야. 이건 커다란 별이 아주 거대한 규모로 폭발을 일으키는 현상을 말해. 이때 내뿜는 빛과 열은 상상을 초월하는 어마어마한 위력을 갖고 있어. 지구와 가까운 별이 초신성 폭발을 일으켰다면 당연히 지구의 생태계에 큰 영향을 미쳤을 테지.

세 번째 대멸종은 2억 5천만 년 전 고생대 페름기에 일어났는데 규모가 가장 컸어. '대멸종의 어머니'라는 화려한 별명이 붙을 정도로 말이야. 무려 지구에 살던 생물 종의 95퍼센트가 사라질 정도였으니 그럴 만도 하지. 원인은 거대

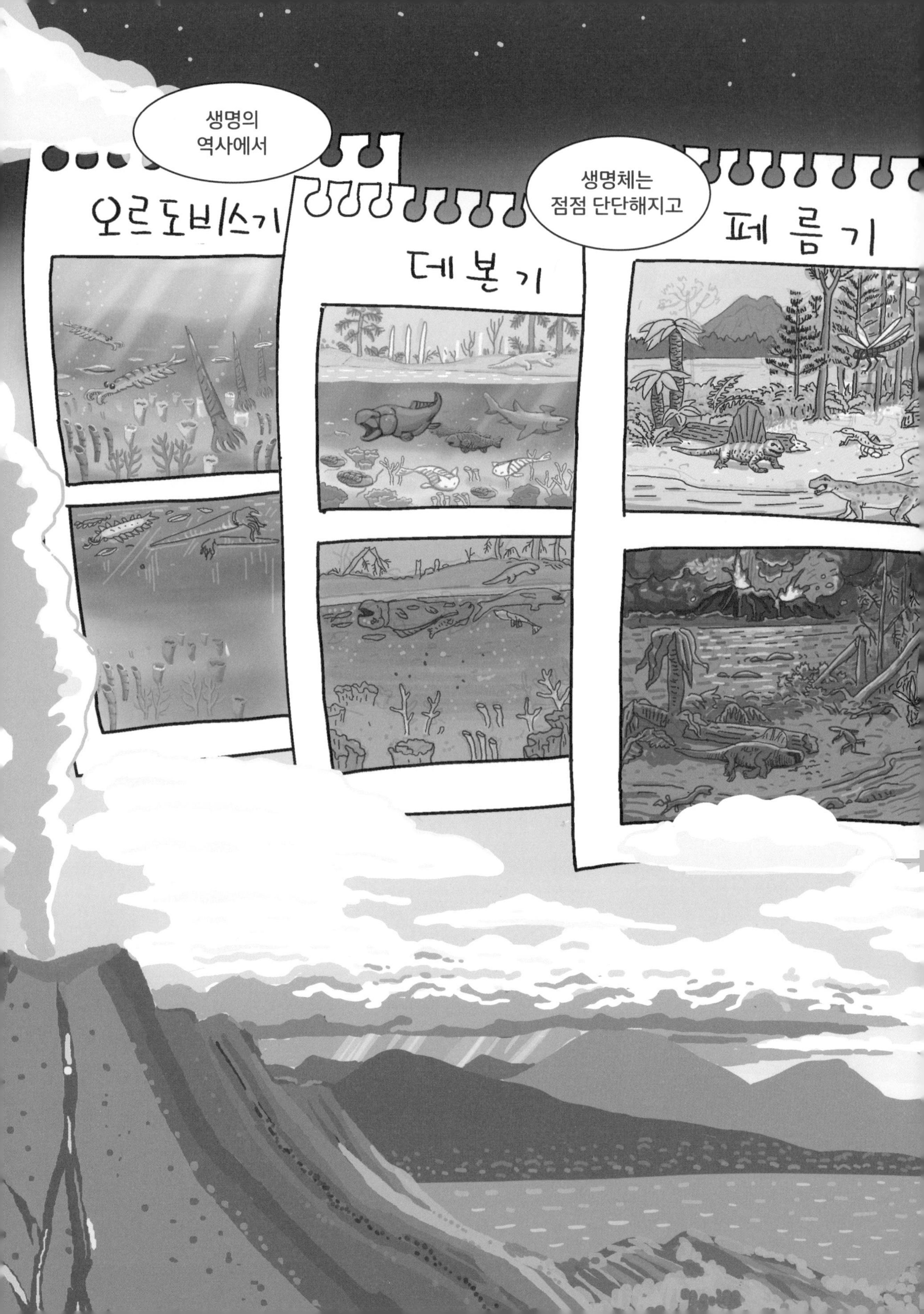
생명의
역사에서
오르도비스기
데본기
생명체는
점점 단단해지고
페름기

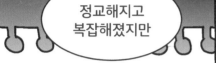

트 라 이 아 스 기

백 악 기

한 화산 폭발이야. 하루 이틀도 아니고 100만 년이나 길게 이어졌어. 땅 아래 거대한 불덩어리가 끝도 없이 솟아 나와 세상을 뒤덮은 것이지. 화산에서 나온 유독 가스는 오존층을 파괴했고, 공기 중에 이산화탄소의 농도가 높아져 온실 효과를 만들어 냈지. 이 때문에 지구의 온도가 급격히 올라갔어.

과학자들은 당시 바닷물의 온도가 40도까지 치솟았다고 짐작해. 이런 상황에서 살아남을 생명체가 얼마나 될까? 열탕처럼 끓는 환경에서 지구 역사상 유래 없는 대멸종이 시작된 것이지. 고생대를 지배하던 대표적 화석 생물인 삼엽충도 이때 사라졌다고 해. 앞서 두 차례의 대멸종에도 살아남았으나 이때만큼은 피하지 못한 거지.

네 번째는 고생대가 막을 내리고 중생대 초기인 2억 500만 년 전 트라이아스기에 일어났어. 당시에는 지금과 다르게 지구의 모든 대륙이 하나의 덩어리로 합쳐져 있었어. 이때의 거대한 대륙을 '판게아'라고 해. 판게아의 틈이 벌어져 각각의 대륙으로 떨어져 나가면서 지각 활동에 큰 충격을 주었고, 이 때문에 기후 변화를 일으켜 많은 생물이 멸종한 것이지. 이 멸종 이후에 공룡이 번성하는 쥐라기 시대가 열렸어.

마지막 다섯 번째는 6천 500만 년 전 중생대 말기의 백악기에 일어났어. 그 유명한 공룡계의 폭군인 티라노사우르스가 이 시기에 활동했지. 멸종의 원인은 소행성 충돌이야. 그 증거로는 멕시코 유카탄 반도 끝에 있는 거대한 '크레이터'야. 크레이터란 움푹 파인 구덩이 모양의 지형을 말하는데 작은 운석이나 소행성과의 충돌로 생긴 흔적이지. 충

돌할 때 생기는 엄청난 열기 때문에 흙이나 돌이 녹으면서 만들어져. 예컨대 달의 표면이 곰보빵처럼 울퉁불퉁한 것은 바로 이 때문이야.

당시 지구는 지름 10킬로미터가 넘는 소행성과 충돌했던 것으로 짐작하고 있어. 그 여파로 주변의 생명체는 살아남을 수가 없었지. 그런데 사실 지구의 크기를 생각해 보면 이 정도의 소행성은 커다란 공에 붙은 아주 작은 먼지만 한 크기에 불과해. 그러니 지구 반대편 쪽은 무사하지 않겠냐고? 천만의 말씀이야.

충돌할 때 생긴 열 때문에 공기가 2,000도까지 뜨거워졌어. 물이 끓는 온도가 100도니까 그 스무 배에 달하는 온도야. 이런 공기를 마신 생명체들이 무사할 리가 없지. 하늘 높이 솟구친 거대한 먼지구름이 온 지구를 뒤덮으면 식물들은 햇빛을 받지 못해 광합성을 할 수가 없어. 식물들이 사라지면 초식동물도 살 수 없고, 먹이사슬에 의해 연쇄적으로 생태계가 무너져 멸종을 맞은 거지. 이 사건으로 공룡들은 지구상에서 자취를 감추고 말았단다.

그런데 진짜 문제는 이제부터야. 과거의 대멸종이 아무리 컸다 한들 지나간 지구의 역사일 뿐이야. 여섯 번째 대멸종 사태가 인간에 의해 벌어질 거라는 경고가 나오고 있어. 지금까지의 대멸종은 자연현상 때문에 빚어졌어. 빙하기가 찾아오든 화산이 폭발하든 소행성이 충돌하든 마찬가지야. 하지만 여섯 번째가 온다면 인간이 원인이 될 거야. 인류의 대멸종을 인류의 손으로 만드는 꼴이지.

지구는 우리 모두의 것이야.

그런데 모두의 것은 누구의 것도 아니라는 말이 있어.

책임을 서로 떠넘기게 된다는 뜻이야.

지구 온난화에 따른 기후 위기도 마찬가지야.

그동안 세계 여러 나라에서는 지구환경 따위는

뒷전으로 미룬 채 산업화와 경제 발전에만 초점을 맞췄어.

그러다 보니 지금과 같은 위기를 맞은 거지.

더 이상의 파국을 막으려면 어떤 자세가 필요할지 고민해 볼까?

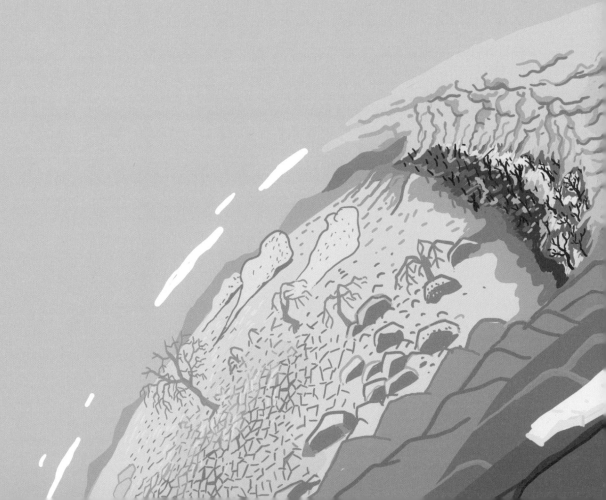

기후 위기의 시대

기상은 뭐고 기후는 뭐야?

우리가 사는 지구에는 궁금증을 불러일으키는 놀랍고 기이한 자연현상이 많아. 그것을 과학적으로 이해하기 위해 연구하는 학문을 '지구과학'이라고 해. 지구를 구성하는 요소는 크게 세 부분이야. 지구 표면의 70퍼센트를 차지하는 바다가 있고, 육지 생물이 살아가는 대륙이 있고, 바다와 대륙을 감싸고 있는 대기층이 있어. 따라서 지구과학이 연구하는 분야는 땅속의 암석과 화석을 연구하는 지질학, 바닷속 생태계나 해류의 흐름 등을 탐구하는 해양학, 공기의 움직임과 변화를 살피는 대기과학으로 나눌 수 있단다.

이 가운데 우리 실생활에 가장 유용하게 쓰이는 분야가 대기과학이야. 대기과학에서 가장 중점적으로 다루는 것이 기상이나 기후야. 이 두 가지는 비슷해 보이지만 엄연한 차이가 있어. 어떻게 다르냐고?

기상은 바람, 구름, 비 등 대기 중에서 일어나는 모든 자연현상을 다루고 있어. 예컨대 뉴스 말미에 날마다 나오는 일기예보는 기상학에 속해. 반면에 기상학에서 다루는 매일의 날씨 정보와 자료를 최소 30년 이상 모아 평균을 낸 것이 기후라고 보면 돼. 기상은 짧은 기간의 날씨이고, 기후는 아주 긴 기간의 평균 날씨인 셈이지.

큰 자연재해가 있을 때마다 기상청이 욕을 먹는 경우가 허다해. 태풍이 비껴

기상

기후

간다고 했는데 상륙하거나 비가 적게 온다는 예보와 달리 폭우가 쏟아졌을 때는 비난이 쏟아지지. 반대의 경우도 마찬가지야. 폭우가 쏟아진다고 해서 철저히 대비했는데 찔끔 오다가 말면 속아 넘어간 기분이 들어. 기상청이 허풍쟁이나 거짓말쟁이어서 그런 건 절대 아냐. 사실 매일매일의 날씨는 예측하기가 정말 어려워. 온도, 습도, 풍속, 풍향, 구름 등의 움직임을 한 치의 오차 없이 정확히 맞히기가 사실상 불가능에 가깝거든.

하지만 기후는 달라. 오랜 기간의 기상 정보와 자료를 종합한 결과물이라서 예측이 가능해. 가령 내일 언제쯤 비가 올지 정확히 맞히는 건 어려워도 내년에 언제쯤 장마철이 시작되고, 뒤이어 태풍도 몇 개쯤 올라온다는 것은 쉽게 알 수 있지. 이처럼 기후는 한 지역에서 주기적으로 일어나는 기상의 흐름이나 방향을 예측하는 거야.

그런데 근래의 기후 변화를 살펴본 결과 심각한 위험 신호가 나타나고 있어. 대기 중의 이산화탄소가 증가하면서 지구 온난화 속도가 빨라지고, 이에 따라 북극과 남극 지방의 얼음이 녹으면서 바닷물의 높이가 올라가고 있거든.

남태평양의 섬나라들은 가까운 미래에 바닷물 속에 잠길지도 몰라. 극심한 가뭄 때문에 어느 지역은 사막이 되고, 어느 지역은 엄청난 폭우로 물바다가 되기도 해. 그러면 인류의 생존에도 먹구름이 드리워질 수밖에 없어. 더 큰 재앙이 닥치기 전에 손을 써야 하는 이유란다.

쾨펜의 기후 구분

기후를 구분할 때는 독일의 기후학자 쾨펜의 구분법을 널리 이용해. 그는 온도의 높낮이에 따라 열대, 건조, 온대, 냉대, 한대 등 다섯 가지로 구분했어.

열대 기후는 적도 부근처럼 가장 기온이 높은 지역이고, 한대 기후는 극지방처럼 연중 내내 얼음으로 뒤덮인 영구 동토층 지역이야. 건조 기후는 말 그대로 비가 거의 내리지 않는 사막 지역이지. 온대와 냉대는 사계절의 흐름에 따라 온도와 강수량이 바뀌는데 온대가 조금 더 따뜻하고, 냉대는 조금 더 추운 지역이란다.

하지만 기상이변이 계속된다면 이런 구분법은 의미가 없어질지도 몰라. 극지방의 얼음이 녹으면 영구 동토층은 사라질 것이고, 기후 변화에 따라 새로운 기후 질서가 만들어질 테니까 말이야.

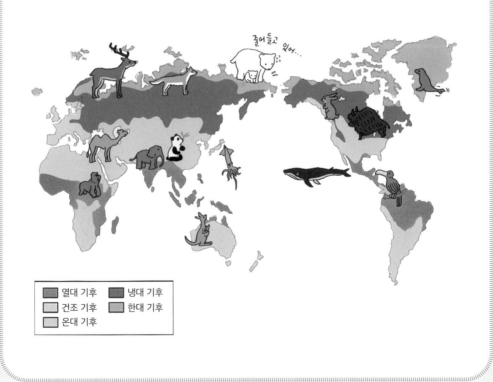

가이아 이론과 데이지 월드

배가 일렁이는 물결 위에서 기울어지지 않는 이유는 뭘까? 그것은 평형수 때문이야. 배는 먼 바다를 항해하기 전에 배의 밑바닥에 일정량의 물을 채우는데 이걸 '평형수'라고 해. 파도에 흔들리는 배의 균형을 잡아 주는 역할을 하지. 왼쪽으로 기울 땐 오른쪽으로, 오른쪽으로 기울 땐 왼쪽으로 무게 중심을 옮기면서 배가 안정적으로 항해하도록 도와준다.

그럼 우리가 사는 지구를 배에 비유해 본다면? 기후가 파도처럼 변덕을 부릴 때 균형을 잡아 줄 평형수 역할을 하는 건 무엇일까? 그건 바로 생태계야.

생태계가 지구의 기후에 어떤 작용을 하는지 이해하기 위해서는 먼저 '가이아 이론'에 귀를 기울일 필요가 있어. 이건 영국의 과학자 제임스 러브록이 주장한 가설이야. 본래 가이아는 그리스 신화에 등장하는 대지의 여신이지. 가이아는 곧 지구인 셈이야.

가이아 이론에 따르면 지구는 단지 대기로 둘러싸인 땅덩이가 아니라 살아 있는 생명체라는 거야. 유기체적 생물은 환경 변화에 적응하기 위해 자신을 조절하는 능력이 있어. 가령 인간은 더울 때 땀구멍을 열어 몸 밖으로 열을 내보내고, 반대로 추울 땐 땀구멍을 막아 체온을 보호하지.

지구도 마찬가지라는 거야. 생물과 무생물이 서로 작용하면서 지구의 생태

환경을 스스로 만들어 간다는 얘기지. 이를 증명하기 위해 러브록은 '데이지 월드'라는 모형을 제시했어.

이 모형의 전제는 지구와 비슷한 가상의 행성에 검은색과 흰색 데이지 꽃만 살고 있다고 가정하는 거야. 그런 다음 햇빛의 강도를 점점 높여가면서 행성의 온도 변화를 관측하는 거지. 보통의 경우라면 햇빛의 강도가 세지는 것에 비례하여 행성의 온도 또한 올라가는 게 정상이야. 하지만 이 실험에서는 데이지 꽃이 변수로 작용해.

색채마다 빛을 흡수하는 정도가 달라. 검은색은 빛을 흡수하지만 흰색은 빛을 반사시키는 성질이 있어. 따라서 햇빛이 약할 때는 빛을 흡수하는 능력이 있는 검은색 데이지 꽃이 번성해. 그러면 행성의 온도가 높아지지. 햇빛이 강할 때는 빛을 반사하는 흰색 데이지 꽃이 번성해. 그러면 반대로 행성의 온도는 낮아져.

이처럼 햇빛의 변화에도 불구하고 두 색깔의 꽃이 상호 작용을 하면서 행성은 일정한 온도를 유지하게 되는 거야. 여기에 회색 데이지 꽃을 추가하면 햇빛 강도가 적당할 때 크게 번성하여 행성의 온도를 더욱 안정시키는 역할을 한다는 주장이란다.

이후 과학자들은 데이지 월드를 좀 더 키워서 초식동물과 육식동물, 더 나아가 자연의 청소부 역할을 하는 미생물을 추가하여 실험했어. 그 결과 생물의 종이 다양할수록 행성의 생태는 더 안정되고 견고해진다는 사실을 증명했지.

이처럼 살기 좋은 지구가 되기 위해서는 생물의 다양성이 꼭 필요해. 현재 지구에는 인간의 생태계 파괴 때문에 멸종 위기에 몰린 동식물이 수없이 많아. 다양한 동식물의 멸종을 막는 건 곧 인류의 멸종을 막으려는 노력이라고 해도 틀린 말이 아니란다.

금성이랑 화성이랑 지구

태양계에서 지구와 가장 가까운 이웃 행성은 금성과 화성이야. 이곳에도 지구처럼 생명체가 살고 있을까? 이 문제는 과학자들의 오랜 관심사였지.

그런데 두 행성의 대기 상태는 지구와 크게 달라. 대기의 구성 물질 가운데 이산화탄소가 차지하는 비중이 95퍼센트 이상이야. 반면에 지구 대기는 질소 78퍼센트, 산소 21퍼센트의 상태를 유지해 왔고, 이산화탄소는 0.04퍼센트로 극히 적은 양만 존재할 뿐이야. 지구의 평균 기온 역시 생명이 살기에 적합한 14도 정도에서 크게 변하지 않았지.

가이아 이론에 따르면 지구의 대기가 두 행성과 다른 이유는 생명체가 존재하기 때문이야. 식물의 광합성 등 갖가지 생명 활동이 얽히고설키면서 산소의 농도와 온도를 일정하게 유지시키고 있다는 얘기지.

지나친 욕심이 만든 공유지의 비극

야생 동물들은 자신의 활동 지역에 영역 표시를 해. 여기는 내 공간이니 들어오지 말라는 경고인 셈이지. 인간 세상도 마찬가지야. 땅이든 집이든 물건이든 대부분 주인이 있어. 그런데 소유권자가 개인이 아닌 공동체일 경우가 있어. 이처럼 여럿이 함께 소유하는 것을 공유라고 해. 무언가를 공유할 때는 내 것처럼 아끼고 보호해야 해. 그렇지 않으면 공동체 전체가 파멸에 이를 수도 있어.

예를 들어 한 마을에 양들을 키울 수 있는 비옥한 목초지가 있다고 해 봐. 이곳은 공유지라 마을 사람들이 누구나 사용할 수 있어. 각자가 집에서 적당한 숫자의 양을 풀어놓으면 아무런 문제가 없지. 양들이 뜯어먹는 풀의 양만큼 다시 자랄 수 있도록 말이야.

그런데 누군가 욕심을 부려 양을 더 많이 풀어놓는다면 어떨까? 당연히 그 사람은 이득을 보겠지. 이렇게 되면 다른 마을 사람들도 가만히 있지 않을 거야. 손해를 보지 않기 위해서 서로 경쟁하듯 더 많은 양을 풀어놓을 게 분명해.

순식간에 공유지는 양들로 우글대고, 비옥했던 목초지는 머지않아 황폐해질 거야. 결국 양들은 더 이상 먹을 풀이 없어 굶어 죽을 테지. 모두가 자기 잇속만 챙기려고 하다가 끝내 파멸에 이를지도 몰라. 이처럼 개인의 지나친 탐욕으

로 공동체 전체가 무너지는 현상을 '공유지의 비극'이라 한단다.

이 비극적 상황을 한 마을이 아니라 지구촌 전체로 확장하면 어떨까? 양들의 풀밭과는 비교도 할 수 없는 끔찍한 미래가 떠오를 거야. 공기나 물, 하늘, 바다 같은 것들은 누구에게도 소유권이 없는 공유 자원이지. 그러니까 아무런 제한 없이 낭비할 위험이 있어. 어떤 자원이든 마구 쓰게 되면 고갈되고 오염되기 마련이야. 당장의 이익에만 눈이 멀어 무절제하게 쓰다 보면 지구에 큰 재앙이 될 건 불을 보듯 뻔해. 그런 현상은 이미 나타나고 있단다.

산업화에 따른 대기오염은 말할 것도 없고, 오존층 파괴와 지구 온난화로 기상이변이 속출하고 있어. 바다 역시 해양 쓰레기로 몸살을 앓고 있지. 무심코 버린 음료 빨대가 코에 박혀 괴로워하는 바다거북이 큰 화제를 모은 적도 있어.

공유지의 비극은 틀림없이 인류의 비극으로 되돌아올 거야. 바다로 흘러간 미세 플라스틱은 각종 어패류의 몸속에 축적되어 우리 밥상에 다시 오르게 되거든. 결국 우리가 버린 쓰레기로 인해 우리 몸도 오염되는 결과를 낳게 된단다.

비극을 피하는 방법

공유지의 비극이 그대로 진행되었다면 인류는 벌써 망했을 거야. 하지만 다행스럽게도 그런 재앙은 현실화되지 않았어. 수많은 지역의 전통사회에서 공유지는 수백 수천 년 동안 아무 탈 없이 유지되고 있거든. 그 이유는 무엇일까? 사람들끼리 사회적 협력을 했기 때문이야. 오랜 지역 사회의 관습이나 종교적 규율 등이 개인의 탐욕을 잘 통제했던 것이지. 예를 들면 1920년대 미국 메인주 연안에서는 바닷가재가 사라질 위기에 처했어. 찾는 사람이 많아서 값이 비싸지자 마구 잡아다 팔았기 때문이야. 자칫 바닷가재의 씨가 마르겠다는 경각심이 들자 어부들은 그물을 놓는 규칙과 순서 등에 대한 규율을 만들어 어획량을 조절했어. 그 덕분에 다른 지역에서는 공유지의 비극이 일어나 바닷가재가 완전히 사라졌을 때도 이곳만은 어장을 잘 보존할 수 있었다는구나.

우리 앞에 닥친 기후 위기도 다르지 않아. 개인이나 회사, 혹은 국가끼리 이익만 다투지 말고 한마음 한뜻으로 기후 위기에 대처한다면 공유지의 비극을 막을 수 있을 거야.

죄수의 딜레마에서 살아남기

　환경 문제는 지구촌 전체의 문제야. 그러니까 한두 사람의 노력으로 성과를 거두긴 어려워. 작게는 개인으로부터 크게는 기업이나 국가에 이르기까지 모두가 한마음으로 합심해야 해. 환경을 위해 작은 실천을 해야겠다고 결심한 사람들조차 간혹 이런 의구심이 들 때가 있어. 나만 이렇게 한다고 뭐가 달라지나? 혹은 우리 기업만, 우리 국가만 노력한다고 달라질까? 그럴 땐 '죄수의 딜레마'에서 답을 찾아봐도 좋을 거야.

　여기 범죄가 의심되는 두 사람의 용의자가 있어. 이들을 각각 다른 방에 두고 심문하면서 자백을 이끌어내기 위해 이런 제안을 해. 둘이 똑같이 자백하면 공평하게 100만 원의 벌금을 부과하고, 둘 다 자백하지 않으면 무죄로 석방시키는 거야. 그런데 둘 중 하나만 자백했을 땐 자백한 사람에겐 100만 원의 상금을, 자백하지 않은 사람에겐 200만 원의 벌금을 부과한다고 해 봐. 과연 나라면 어떤 선택을 할까?

　자신의 이익만을 생각하면 자백해서 100만 원의 상금을 받는 게 가장 좋지. 그런데 문제는 상대방이지. 그 역시 자신의 이익만을 생각할 것이므로 자백하는 길을 선택할 거야. 그러면 둘 다 자백하여 결과적으로 100만 원의 벌금을 똑같이 받게 돼. 각자 이익을 보려고 선택한 결과 오히려 둘 다 큰 손해를 보게

되는 거지.

이와 달리 개인의 이익을 포기하고 공공의 이익을 선택한다면 두 사람 모두에게 이득이 돌아가는 거야. 물론 이런 결과가 나오려면 상대방에 대한 믿음이 있어야 해. 자신은 공공의 이익을 위해 입을 다물었는데 상대가 개인의 이익을 취하려고 자백했다면 큰 손해를 입게 되니까.

이 죄수의 딜레마는 국가 간의 환경 문제 해결에 좋은 본보기가 되고 있어. 한 나라가 경제 성장을 목적으로 공해 물질을 마구 배출한다면 당장은 이득을 얻을 수 있어. 그러나 모든 나라가 이러면 지구 전체는 공해 물질로 뒤덮일 거야. 너나없이 피해를 입게 되지.

예컨대 중국의 급속한 산업화로 발생한 미세먼지와 공해 물질이 바람을 타고 우리나라에까지 날아와 문제가 되고 있어. 이런 현상이 연쇄적으로 계속된다면 세계 모든 나라가 서로에게 피해를 입히는 꼴이 될 거야. 따라서 여러 나라가 협정을 통해 환경 문제를 해결하려는 노력이 필요하단다.

후쿠시마 핵 오염수

2023년 국제적으로 가장 뜨거운 관심을 모은 환경 문제는 일본의 후쿠시마 핵 오염수 방류야. 동일본 대지진 때 후쿠시마 원자력 발전소의 핵 시설이 폭발했고, 바닷물을 끌어와 원자로를 식혔어. 방사능에 오염된 이 물을 저장해 오다가 더 저장할 곳이 없어지자 바다에 흘려보내기 시작한 거지. 최소 30년 이상 방류를 계속할 거라는데 이 물은 해류를 따라 전 세계 바다를 오염시킬 거야.

방류 외에 다른 처리 방법도 있지만, 이 방법이 가장 비용이 적게 든대. 오염수의 폐해는 하루아침에 금방 드러난다기보다 후세에 더 큰 악영향을 미칠 수 있어. 따라서 자국의 이익을 위해서 미래 세대가 살아갈 바다를 희생시키는 최악의 선택을 한 거지.

이것이 나쁜 선례가 되어 다른 나라들도 비슷한 사태가 터질 때 바다에 방류할 수도 있으니 큰 재앙의 씨앗을 뿌린 셈이야.

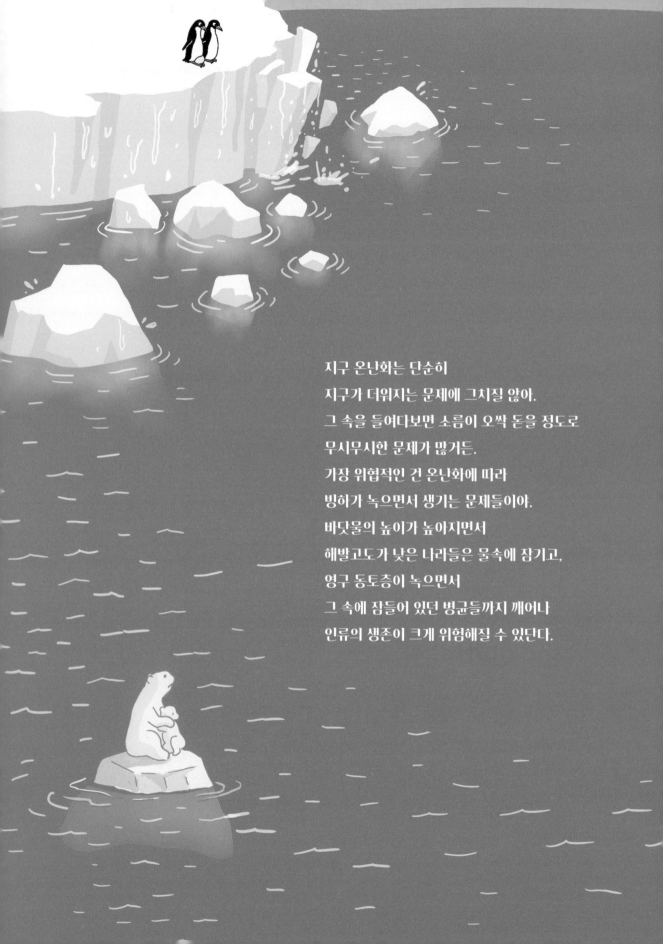

지구 온난화는 단순히
지구가 더워지는 문제에 그치질 않아.
그 속을 들여다보면 소름이 오싹 돋을 정도로
무시무시한 문제가 많거든.
가장 위협적인 건 온난화에 따라
빙하가 녹으면서 생기는 문제들이야.
바닷물의 높이가 높아지면서
해발고도가 낮은 나라들은 물속에 잠기고,
영구 동토층이 녹으면서
그 속에 잠들어 있던 병균들까지 깨어나
인류의 생존이 크게 위험해질 수 있단다.

빙하가 위험해!

제3장

우주 공간은 굉장히 춥다고 알려져 있어. 열에너지가 없기 때문이야. 그렇다면 지구가 따듯한 기온을 유지할 수 있는 비결은 뭘까? 그건 태양이 있기 때문이란다.

지구는 태양으로부터 열에너지를 받기도 하고 그것을 다시 내보내기도 해. 이 과정에서 주기적으로 열의 양이 늘어났다 줄어들기를 반복해. 자연히 그렇게 되는 거지. 열이 줄어들면 빙하기가 찾아오고, 열이 늘어나면 간빙기가 돼. 물론 이 주기는 수십억 년의 시간 차이를 두고 아주 느리게 진행되기 때문에 기껏 100년 미만의 수명을 가진 인간이 직접 몸으로 체감하기는 어려워.

우리는 지금 빙하기와 빙하기 사이의 간빙기에 살고 있어. 지구의 주기적 변화만을 생각한다면 빙하기가 다시 찾아오지 않을까 걱정할 수도 있지. 20세기 초중반까지만 해도 과학자들은 지구의 온도가 내려갈까 봐 걱정했어. 실제 19세기 말까지 소빙기라 불릴 정도로 추운 기후가 이어졌다고 해.

하지만 지금은 지구가 너무 더워질까 걱정하고 있어. 가장 큰 문제로 떠오른 게 온실가스야. 그게 뭐냐고? 지구 온난화를 일으키는 원인이 되는 기체를 말해. 온실 기체라고도 하지. 주로 석유나 석탄 같은 화석연료를 땠을 때 많이 배출되는데 이산화탄소(CO_2)를 비롯하여 메탄(CH_4), 아산화질소(N_2O), 수소불

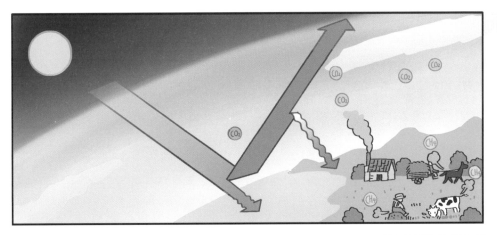

화탄소(HFCs), 과불화탄소(PFCs), 육불화황(SF₆) 이 여섯 가지가 대표적인 온실가스야.

이 기체들이 왜 문제냐고? 열을 흡수하는 성질이 있거든. 지구에 닿은 태양열을 가두어 두는 역할을 하기 때문에 지구는 더워질 수밖에 없어. 밀폐된 온실의 공기가 바깥으로 빠져나가지 못하면 온도가 높아지는 것과 같은 원리지. 이런 현상을 온실효과라고 해. 이처럼 대기 중 온실가스의 농도가 증가하면서 지구 표면의 온도가 점차 높아지는 현상을 '지구 온난화'라고 한단다.

오늘날의 지구 온난화 문제는 1970년대에 처음 등장했어. 이 무렵부터 지구 기온이 상승하기 시작했거든. 1990년대 세계적으로 증가한 기상이변과 맞물리면서 지구 온난화 문제는 더욱 큰 관심을 모았지. 이후로 문제가 더 심각해지면서 과학자들 사이에 큰 화두가 되었단다.

온난화의 원인은 자연적인 것과 인위적인 것, 크게 두 가지로 구분할 수 있어. 자연적인 것은 워낙 천천히 진행되기 때문에 크게 문제가 되지 않아. 요즘 온난화 문제는 대개 인간 활동 때문에 빚어진 현상이야. 과학자들은 산업화와 대규모의 산림 파괴 등으로 대기 중에 온실가스의 농도가 증가한 일을 온난화의 주요 원인으로 꼽고 있단다.

이산화탄소와 지구 온난화 지수

여러 종류의 온실가스가 각각 온난화에 미치는 영향을 수치로 나타낸 걸 '지구 온난화 지수'라고 해. 지수가 높을수록 미치는 영향도 그만큼 크다는 뜻이지. 그런데 온난화의 주범으로 지목되는 이산화탄소는 여러 온실가스 가운데서도 지수가 가장 낮은 편이야. 예컨대 이산화탄소가 1이라면 산업 공정에서 나오는 이산화질소는 300배나 높거든. 에어컨 냉매제로 쓰이는 수소불화탄소, 반도체 생산 과정에서 나오는 과불화탄소나 육불화황은 몇천 배 혹은 몇만 배나 온난화 지수가 높단다.

그런데도 이산화탄소가 주요 원인으로 꼽히는 것은 다른 온실가스보다 배출량이 월등히 많기 때문이야. 개미는 작지만 엄청난 떼로 모이면 코끼리도 감당할 수 없는 것과 같은 이치란다.

어떤 나라의 바닷물 괴담

　지구가 좀 더워진다고 웬 호들갑이냐 생각할 사람도 혹 있을 거야. 하지만 천만의 말씀이야. 지구의 기온이 상승하면 꽁꽁 얼어 있던 남극이나 북극, 히말라야, 알프스 등 고산지대의 얼음이 녹아내려 바다로 흘러들 거야. 그러면 당연히 바닷물의 높이가 올라갈 테지. 그 결과 해안 지역은 바닷물에 잠길 수밖에 없어.

　이건 미래의 일이 아니야. 재앙이 이미 시작되었거든. 해수면 상승으로 가장 먼저 피해를 입은 곳은 남태평양에 위치한 섬나라들이야. 키리바시나 투발루 같은 나라가 대표적이지. 이들 나라의 땅 높이는 해발 2~3미터에 불과할 정도로 매우 낮아. 이 때문에 전 국토가 물에 잠길 위험에 처했지.

　투발루 같은 경우는 2001년에 이미 국토 포기를 선언하고 다른 나라로 국민을 이주시킬 계획을 세웠어. 하지만 이게 뜻대로 되질 않아. 뉴질랜드 외에는 이주민을 받아 주지 않아서 애를 먹고 있거든. 국제 관계는 이처럼 냉혹한 현실이야.

　인도양의 아름다운 산호섬 몰디브 역시 해발 2.5미터밖에 되지 않은 까닭에 해수면 상승에 아주 취약한 국가야. 2004년 인근 바다에서 지진 해일이 일어났을 때 수도 말레의 $\frac{2}{3}$가 물에 잠긴 적도 있단다.

이처럼 해발 고도가 낮은 섬나라들이 더 위험하긴 하지만 육지 국가라고 해서 안전한 건 절대 아니야. 해안에 위치한 나라나 도시도 위협을 받고 있거든. 유럽의 네덜란드가 좋은 예지. 영토의 대부분이 해발 100미터를 넘지 않고, 최고봉인 발세르베르흐 산의 높이가 320미터밖에 되질 않아. 우리나라의 뒷동산 정도인 셈이지. 해안 쪽은 바닷물 높이보다 오히려 낮은 지역이 대부분이야. 그래서 현재도 인공 제방을 높이 쌓아 바닷물의 침투를 막고 있지. 그러니 온난화로 해수면이 상승하면 국가적 재난이 발생할 건 불 보듯 뻔한 일이 아니겠니?

아시아의 방글라데시 역시 상황이 비슷해. 국토의 10퍼센트 정도가 해수면보다 낮거든. 현재도 해수면 상승으로 매년 영토의 0.4퍼센트가 물에 잠기는데, 이건 우리나라 서울시 정도의 면적이라고 해. 2030년까지 2천만 명의 기후 난민이 발생할 수 있다는 어두운 전망까지 나오고 있어. 인접 국가인 인도네시아, 베트남 등에서도 비슷한 일이 벌어질 거라고 예상해.

미국 플로리다주의 마이애미도 해수면 상승으로 물에 잠기는 일이 잦아졌다고 해. 그래서 물을 퍼내는 펌프를 도시 전역에 설치했지. 해수면이 1미터 이상 높아지면 마이애미는 고립된 섬이 될 거라는 암울한 예측까지 한단다.

그런데 해수면 상승의 피해가 몇몇 나라들만의 문제는 아냐. 유럽, 아메리카, 아시아, 아프리카 등 전 대륙에 걸친 문제야. 전 세계 인구의 40퍼센트 이상이 해안 지역에 살거든. 왜 이렇게 바닷가에 많이 사냐고? 옛날 교통수단이 발달하지 않았을 때는 배가 주요한 운송수단이었어. 또한 해산물은 귀중한 식량자원이기 때문이지. 해수면 상승으로 전 세계에 재난이 닥친다면 그 많은 인구는 어디로 삶의 터전을 옮겨야 할까?

스웨이츠 빙하의 비밀

남극의 빙하 중에 스웨이츠 빙하라는 게 있어. 이걸 '지구 종말의 날 빙하'라 부르기도 해. 말 그대로 이 빙하가 녹으면 지구에 종말이 올 수 있어서 그렇게 부르는 거야. 좀 무시무시하지?

스웨이츠란 이름은 빙하 지형학자 '프레드릭 스웨이츠'에서 따온 거야. 남극의 빙하는 동쪽과 서쪽의 지형이 좀 다른 특성을 가지고 있어. 서쪽의 얼음이 동쪽보다 낮고 바닷물에 가까워. 스웨이츠 빙하는 남극의 서쪽 해안을 따라 건물 6층 정도의 높이로 120킬로미터나 길게 늘어서 있어. 마치 남극 해안을 넓게 감싸고 있는 듯한 모습이야. 이 빙하의 전체 면적을 합치면 한반도와 비슷한 크기인데 남극 대륙의 빙하가 붕괴하는 것을 막아 주는 보호막 역할을 하는 셈이지.

과학자들이 스웨이츠 빙하를 눈여겨보는 것은 그 때문이야. 바닷물에 닿는 부분이 넓어서 지구 온난화의 영향을 직접 받고 있거든. 지금도 이 빙하가 녹아내리는 속도가 점점 빨라지고 있대. 스웨이츠가 붕괴되는 건 남극 대륙의 빙하를 지켜 주던 성벽이 무너지는 것과 똑같아. 외곽의 보호막이 없어지면 결과는 치명적이야. 남극 대륙의 빙하가 바다로 유입되면 해수면 상승은 걷잡을 수가 없을 테니까. 말 그대로 지옥의 문이 열릴지도 몰라.

과학자들은 몇 년 안에 걱정스러운 일이 벌어질 수 있다고 경고하고 있어. 스웨이츠 빙하가 모두 녹으면 연쇄 반응을 일으켜 지구 평균 해수면이 1~3미터 높아질 것으로 예상하고 있지. 이렇게 되면 해발고도가 낮은 지구 곳곳의 섬나라들은 지구상에서 소멸되고 말 거야.

그뿐 아니지. 육지의 저지대 도시들도 무사하지 못해. 물의 도시로 유명한 이탈리아의 베네치아, 네덜란드의 해안 도시, 미국의 샌프란시스코와 뉴욕 맨해튼의 저지대가 바닷물에 잠기게 될 거야.

이걸로 끝이 아니야. 겨우 시작에 불과하지. 남극과 북극의 빙하가 모두 녹으면 해수면이 최소 65미터 이상 상승할 것으로 예측해. 이것이 현실화되면 아주 높은 곳이나 육지 깊숙한 곳에 자리한 도시만 빼고 대부분이 물에 잠길 뿐 아니라 땅덩이의 모양도 완전히 바뀌게 될 거야. 그러면 세계 지도를 새로 그려야 할 상황이 될지도 모르지. 물론 이런 일이 금방 일어나지는 않겠지만 최악의 일이 머지않아 닥칠 수도 있어.

바닷물이 높아지면 우리나라는?

해수면 상승이 우리나라엔 어떤 영향을 미칠까 궁금하지? 한 연구기관의 발표에 따르면 우리나라는 세계에서 14번째로 해수면 상승에 취약한 국가야. 삼면이 바다로 둘러싸인 나라이기 때문이지.

그린피스는 해수면이 1미터 상승하면 서울의 1.6배 면적이 침수되고 인천이나 부산 같은 해양 도시가 피해를 입을 거라고 예상했어. 그뿐 아니라 낙동강과 영산강 하구 등 바닷가에 가까울수록 침수 피해를 입을 가능성이 높아진단다.

해수면이 3미터 높아지면 앞서 언급한 낙동강, 영산강 하구의 도시는 물론이고 금강 하구의 군산, 장항 등이 잠길 수 있고, 서울에서 가까운 고양시 앞까지 바닷물이 밀려들 수 있지. 남극과 북극의 빙하가 반쯤 녹아 해수면이 30미터 이상 높아졌을 때 대한민국은 상상 이상의 충격을 받게 돼. 서울, 인천, 부산, 광주 등 대도시뿐만 아니라 경기도, 전라도, 경상도, 강원도의 해안 전체가 침수 피해를 입고, 내륙 깊숙한 대구와 대전 근처까지 바닷물이 밀려들 거야. 심지어 바다가 없던 충청북도도 바닷가 지역이 될 수 있단다.

나비 효과, 그리고 북극곰의 비극

　우리는 눈앞에 벌어지는 현실이나 피부에 와닿는 일들이 아니면 무심코 지나치곤 해. 온난화 문제만 해도 그래. 지구가 좀 더워진다고 웬 난리야? 에어컨 좀 세게 틀면 되지, 라고 생각할 수도 있어. 극지방의 얼음이 녹는 문제도 마찬가지야. 사실 극지방이나 고산지대의 빙산을 직접 가서 본 사람은 아주 드물어. 그러니 그게 녹는다 한들 나랑 상관없는 먼 나라의 이야기로 들릴 거야.

　그렇다면 혹 '나비 효과'란 말 들어 본 적 있니? 작고 사소한 사건 하나가 나중에 엄청난 효과를 불러온다는 뜻이지. 예를 들면 아마존 밀림에 있는 작은 나비의 날갯짓이 점점 증폭되어 미국에 커다란 태풍을 몰고 올 수 있다는 말이야.

　이건 지구 온난화가 불러올 문제를 설명하기에 아주 적절해. 빙하가 녹는 것도 나비 효과와 똑같다고 보면 되거든. 빙하란 땅 위에 눈이 오랜 시간 쌓여서 강한 압력으로 응축된 두꺼운 얼음층을 일컫는 말이야. 지구에 있는 육지의 약 10퍼센트 정도가 빙하로 덮여 있어. 남극과 그린란드가 대부분을 차지하고, 히말라야, 알프스 같은 높은 산꼭대기에도 빙하가 있지.

　북극은 왜 빠졌냐고? 북극의 얼음은 좀 달라. 땅 위의 빙하가 아니거든. 바다에 떠 있는 얼음 덩어리, 이걸 해빙이라 불러. 말하자면 바닷물이 꽁꽁 얼어

서 마치 대륙처럼 보이는 것뿐이야. 따라서 온난화의 여파로 북극의 얼음이 녹는다면 어떻게 될까? 북극곰같이 그곳을 터전으로 살던 생물들은 그대로 바닷속으로 가라앉고 말 거야.

북극곰의 멸종은 안타까운 일이지만 인류의 생존에 이게 무슨 상관이냐고? 아주 밀접한 관련이 있어. 우주 공간에서 지구가 왜 살기 좋은 행성이 된 줄 아니? 지구를 둘러싼 대기권이 담요처럼 따뜻하게 지구를 감싸고 있기 때문이야. 그런데 태양으로부터 오는 열에너지를 가두어 두기만 하면 지구는 너무 더워서 생명체가 살 수가 없어. 적당히 식혀 주는 장치가 필요해. 빙하 지역의 얼음과 눈이 그 역할을 하고 있지.

빙하는 지구라는 공간의 에어컨인 셈이야. 적당히 데워 주고 적당히 식혀 주는 조절 장치가 있기 때문에 지구는 생물이 살 수 있는 적절한 온도를 유지하는 거야. 따라서 빙하가 녹는다는 건 온도 조절 장치에 심각한 문제를 야기할 수밖에 없어. 기온은 점차 올라가는데 에어컨이 고장 난 것과 같은 상황이지.

안타까운 건 극지방의 빙하가 급속도로 줄어든다는 거야. 태양열 에너지를 식혀 줄 수가 없으니 지구는 더 더워지고 그 때문에 더 빨리 빙하가 녹는 악순환이 되풀이되는 형국이야. 10년쯤 뒤에는 여름철 북극에서 더 이상 해빙을 볼 수 없을지 모른다는 연구 결과가 발표되기도 했어. 여름철 무더위는 점점 혹독해지는데 더위를 식혀 줄 에어컨은 완전히 기능을 상실한 꼴이 되는 거지. 이처럼 기후 위기는 먼 미래의 일이 아니라 바로 우리 코앞에 다가와 있단다.

잠자던 바이러스의 역습

스필버그 감독의 영화 〈쥐라기 공원〉은 굉장히 흥미로운 주제를 다루고 있어. 혹 호박이란 보석을 아니? 먹는 호박 말고! 송진 같은 나무의 진액이 땅속에 묻혀 탄소, 수소 따위와 화합하여 굳어진 광물질을 '호박'이라고 해.

중생대 시대 어느 날 공룡의 피를 빨아먹은 모기가 진액 속에 갇혀 박제가 돼. 그것이 까마득한 세월을 건너뛰어 호박이란 보석으로 발견이 되고, 모기의 몸속에 보존된 공룡의 피에서 유전자를 뽑아내 이미 멸종한 그 공룡을 복원시키는 거야. 영화는 순전히 상상력을 바탕으로 만들어졌지만 이와 유사한 일이 현실에서 자연스럽게 벌어질 수도 있어. 바로 지구 온난화 때문이야.

빙하 지역에는 '영구 동토층'이 있어. 말 그대로 일 년 내내 언 상태로 있는 지대야. 식물이 전혀 살 수 없는 불모지에 가까운 땅이지. 지구가 더워지면서 빙하만 녹는 게 아니라 이 영구 동토층도 녹고 있어. 이곳이 녹으면 식물이 살 수 있고, 농사도 지을 수 있으니 좋은 것 아니냐고? 천만의 말씀이야.

영구 동토층은 지역에 따라 언 땅의 깊이가 달라. 시베리아 북부의 가장 깊은 곳은 땅속 50미터까지 얼어 있다고 해. 지구 생명의 역사가 땅속에 언 채로 고스란히 보관되어 있다고 해도 과언이 아니야. 수많은 유기물을 언 채로 간직하고 있는 지구의 냉장고인 셈이지.

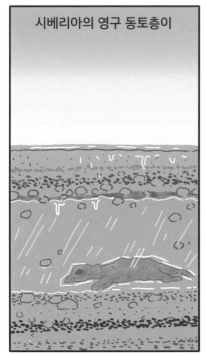

시베리아의 영구 동토층이

녹으면…

그런데 이 동토층이 녹기 시작하면 뜻밖의 사태가 일어날 수 있어. 얼어 있던 유기물들이 부패하면서 이산화탄소나 메탄 같은 온실가스를 대량으로 대기 중에 방출해 온난화가 더 빨라질 우려가 있어. 지구는 더 더워지고 영구 동토층이 더 빨리 녹게 되면 현재로선 예측이 불가능한 엄청난 재앙을 일으킬 수도 있단다.

영구 동토층에는 과거 지구에 살았던 동식물들이 냉동 상태로 묻혀 있어. 어떤 동물이 무슨 병에 걸려서 죽었는지는 아무도 몰라. 그런 동물의 사체가 녹으면서 병을 일으킨 세균이나 바이러스도 같이 깨어날 수 있어. 이건 막연한 우려가 아니라 실제로 그런 일이 벌어지기도 했지.

2016년 시베리아에서 순록 수천 마리가 떼죽음을 당하는 일이 발생했어. 원인을 알아본 결과 충격적인 사실이 밝혀졌지. 그 지역은 여름의 평균 기온이 15도 정도인데 최근의 이상 기온 현상으로 영구 동토층이 녹았어. 그 때문에 까마득한 옛날 탄저균에 감염되어 죽은 동물의 사체에서 균이 살아나 순록을 전염시켰던 거야. 이를 모른 채 죽은 순록 고기를 먹은 열두 살 어린이가 목숨을 잃고 지역 주민 70여 명도 병균에 감염되는 사태가 벌어졌지.

　이것은 시작에 불과할지도 몰라. 영구 동토층에 탄저균 말고도 어떤 균이 얼마나 얼어 있는지 전혀 알 수가 없거든. 실제로 티베트 고원의 빙하에서는 28종의 새로운 바이러스 유전자가 발견되기도 했다는구나. 땅속에 잠든 각종 병원균이 깨어나면 어떤 전염병을 발생시킬지조차 몰라. 코로나바이러스로 전 세계가 한바탕 곤욕을 치른 경험이 있는데 그보다 더 위험한 병원균이 우리를 위협할 수도 있단다.

우리가 미처 몰랐던 불편한 진실이 있어.

일상생활 속에서 자신도 모르게 무심코 한 행위가

지구 온난화를 초래하기도 하거든.

그저 맛있는 음식을 먹고 편리한 제품을 사용했을 뿐인데

그것이 얼마나 많은 탄소 발자국을 남기는 일인지 잘 모를 거야.

이제까지는 몰랐지만 지구의 미래를 위해

앞으로는 꼭 알아야 할 불편한 진실이 무엇인지 살펴볼까?

CO_2 CO_2

CO_2 CO_2

우리가 만든 온실가스

제 4 장

CO_2

CO_2

CO_2

CO_2

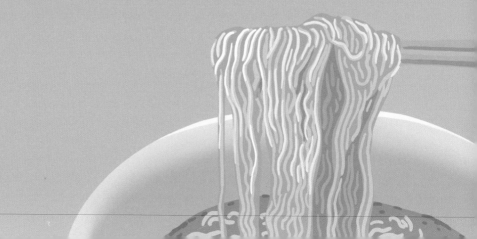

인류가 남긴 탄소 발자국

땅 위를 살아가는 생명체는 어느 곳을 가든 반드시 흔적을 남겨. 바로 발자국이야. 사냥꾼들이 짐승을 뒤쫓을 때도 이 흔적을 따라가는 법이지.

인간이 생활하면서도 남길 수밖에 없는 흔적이 있어. 탄소의 발생이야. 눈에 보이지는 않아서 없는 것처럼 보일 뿐이지. 그래서 온실가스의 대표 격인 탄소의 발생을 눈에 보이는 수치로 보여주기 위해 생겨난 개념이 탄소 발자국이야. 다시 말해 어떤 개인이나 집단이 직간접적으로 발생시키는 이산화탄소의 총량을 표시하는 거야. 이산화탄소는 어떤 물건을 만들고, 옮기고, 쓰고, 버리는 모든 과정에서 생겨난다고 해.

탄소 발자국이란 말이 참 재미있지 않니? 이건 2006년 영국에서 처음 나온 개념인데 우리의 행동이 지구환경에 남기는 발자국과 비슷하다는 뜻이야. 우리의 일상적인 활동에서 발생한 이산화탄소는 마치 공기 속에 남긴 인간의 발자국과도 같은 것이거든.

탄소 발자국은 보통 무게의 단위인 킬로그램(kg)으로 나타내고, 그만큼의 탄소를 없애는 데 필요한 나무의 수로도 표시해. 이를테면 약 4킬로그램의 이산화탄소를 발생시킬 경우 어린 소나무 1그루를 심어야 한다는 식으로 말이야. 즉 '4킬로그램 = 소나무 1그루'인 셈이지.

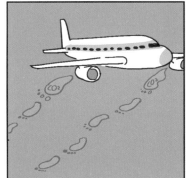

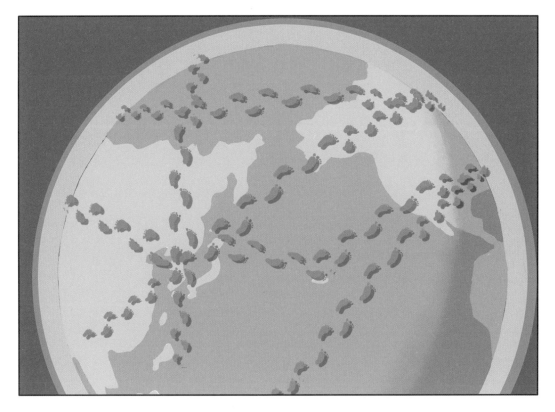

탄소 발자국의 산출은 탄소 중립 정책과도 연결되어 있어. 탄소 중립이란 지구 온난화를 초래하는 온실가스의 양을 줄이고, 어쩔 수 없이 발생하는 온실가스를 흡수하여 배출량을 0으로 만드는 걸 말해. 지구 생태계와 인류의 미래를 지키기 위해서는 전 세계적인 노력과 동참이 필요하지.

우리나라의 경우 2050년까지 탄소 중립을 달성하겠다는 목표를 정했어. 이를 위해서는 신재생 에너지를 개발하려는 국가나 기업 차원의 노력도 중요하지만, 그에 못지않게 한 사람 한 사람의 노력도 중요해. 일회용품 사용을 줄이고, 물과 전기를 아끼고, 재활용품을 잘 분리하고, 자가용보다 대중교통이나 자전거를 이용하는 등의 실천이 필요하지.

발자국이 많이 찍히면 바닥이 더러워지듯이 지구의 대기도 마찬가지야. 온난화를 가져오는 탄소 발자국이 많이 찍힐수록 지구는 더욱 더워져. 따라서 탄소 중립은 지구 온난화와 기후 변화로부터 우리의 생태계를 보호하기 위한 핵심적인 과제야. 국가의 큰 노력부터 개인의 작은 노력까지 우리 모두가 힘을 합쳐야 지구의 아름다운 자연과 인류의 미래가 보장된다는 사실을 잊지 않으면 좋겠어.

탄소 발자국 계산기

물건값을 계산할 때 계산기를 쓰듯이 탄소 발자국을 계산할 때도 쓰는 계산기가 있어. '한
국기후환경 네트워크'에서 운영하는 인터넷 사이트에 들어가면 누구든 쉽게 사용할 수 있
어. 방법도 간단해. 우리가 쓰는 가스, 전기, 수도, 교통량을 입력하면 곧바로 탄소 발생량
이 나오고 몇 그루의 나무를 심어야 하는지도 금방 알 수 있어.

아침에 일어나서 씻고, 밥 먹고, 차 타고, 컴퓨터 하고, TV를 보는 과정에서 우리가 얼마나
많이 이산화탄소를 무심코 배출하는지 한눈에 알 수 있게 수치로 보여주는 거지. 지구 온
난화의 가장 큰 원인 중의 하나인 탄소 발생을 줄이자는 취지에서 만들어졌어. 탄소의 총
량을 줄이는 방법도 함께 나와 있으니 재미 삼아 해 봐도 좋을 거야.

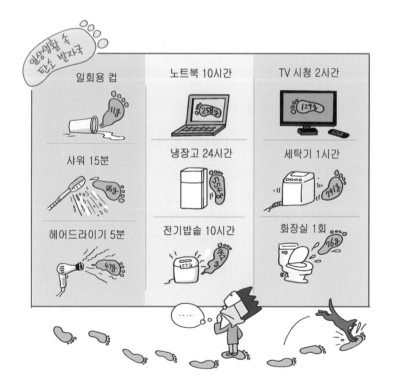

맛난 고기의 불편한 진실

온실가스 배출이라고 하면 사람들은 무엇을 떠올릴까? 아마 대부분은 공장 굴뚝에서 나오는 연기나 자동차 매연 같은 걸 떠올리게 마련이야. 물론 그것도 주요 원인이긴 하지만 전혀 생각지 못한 뜻밖의 것들도 있어. 사람들이 무심코 배출하는 온실가스도 많거든. 지나친 육류 소비도 그중 하나야.

고기를 먹는 게 온실가스랑 무슨 상관이냐고? 메탄은 이산화탄소보다 20배 이상 강력한 온실가스인데 메탄이 가장 많이 발생하는 분야가 바로 농축산업이야. 소의 트림이나 방귀, 가축 분뇨 등에서 나온다고 해.

시골 농장 같은 데서 소를 자세히 관찰해 본 적이 있니? 먹이가 없는데도 느긋하게 누워서 뭔가 우물우물 씹는 모습을 흔히 볼 수 있어. 이걸 되새김질이라고 해. 소는 다른 동물과 달리 특이한 위장을 가지고 있어. 하나가 아니라 네 개나 되거든. 위장에 저장된 먹이를 토해 내 소화가 잘 되도록 잘게 씹어서 하나씩 차례대로 넘기는 거지. 아마도 아득한 옛날 맹수를 피해 서둘러 풀을 뜯고 안전한 곳에서 소화시키기 위해 이렇게 진화된 것이 아닐까 싶어. 이런 되새김질의 과정에서 트림을 많이 하고 이것이 메탄을 유발하는 원인이 된단다.

"소가 온실가스를 배출한다고 해 봤자 얼마나 되겠어?" 하는 생각도 들 테지만 그렇지 않아. 통계 자료를 보면 소가 자동차보다 훨씬 많은 온실가스를 배

출하고 있거든.

고기는 인류가 먹는 식량자원 가운데 가장 사치스러운 음식이야. 1킬로그램의 고기를 생산하는 데 사료가 무려 6킬로그램 정도 필요하대. 다시 말해 맛있는 고기를 먹기 위해서 아까운 곡물을 6배나 더 많이 소비하는 꼴이야. 지구의 한 켠에서는 굶주림에 시달리는 사람이 수없이 많은 걸 생각하면 식량을 낭비하는 셈이지. 지구에서 생산하는 곡물의 $\frac{1}{3}$ 이 가축 사료로 쓰인다니 정말 놀라운 일이야.

우리나라만 해도 돼지는 약 1천만 마리, 소는 3백만 마리, 닭은 2억 마리에 가까운 가축을 사육하고 있어. 이 어마어마한 숫자의 동물들이 먹을 사료를 생산하기 위해서는 땅이 필요해. 우리나라는 토지가 부족하니 대부분 외국에서 수입하지. 그렇다면 외국에서는 사료 작물을 어떻게 키울까?

울창한 숲을 다 밀어 버리고 거기에 사료용 콩과 옥수수를 심거나 목초지를 만들지. 알다시피 숲은 인간이 배출한 이산화탄소를 흡수하고 산소를 내뱉어 지구를 살기 좋은 청정 지역으로 만드는 역할을 하고 있어. 고기를 만들기 위해 숲을 파괴하는 꼴이니 온난화 수치를 이중으로 올리는 짓이야. 지구의 허파라 불리는 아마존의 열대우림 지역도 이런 이유로 급속히 줄어들고 있어. 사료용 작물을 재배하기 위해 밀림에 불을 지르고, 그 땅에 남은 재를 거름으로 삼아 작물을 키우는 것이지. 결과적으로 고기 때문에 지구의 허파가 병들고 있는 셈이야.

물론 고기를 절대 먹으면 안 된다는 얘기는 아니야. 당장 식습관을 바꾸기도 어려운 건 사실이니까. 다만 우리의 식탁에 오르는 고기 음식에는 이런 불편한 진실이 숨어 있다는 것 정도는 알고 있어야지. 차츰 육류 소비를 줄이고 몸에 좋은 채식 위주의 식단으로 바꾸는 것도 환경에 도움이 된단다.

팜유

꼭 고기만 문제인 건 아니야. 우리의 먹거리 때문에 사라지는 숲은 아마존 말고도 많이 있어. 팜유 생산지로 이름난 인도네시아의 열대우림 지역도 그중 하나야. 팜유는 면발을 튀기거나 초콜릿, 샴푸, 로션 등을 만드는 데 쓰이는 일종의 기름이야. 이걸 생산하기 위해 그 지역의 숲이 불에 타거나 사라지고 있대. 숲을 없앤 자리에 팜나무를 심느라고 그 지역에 거주하던 원주민뿐 아니라 숲에 살던 동식물도 삶의 터전을 빼앗겼지. 오랑우탄을 비롯하여 피그미 코끼리, 수마트라 호랑이 등 그 숲을 유일한 서식지로 삼던 동물들이 멸종 위기에 몰렸단다.

새우가 맹그로브 숲을 먹어치운다?

　새우를 좋아하지 않는 사람은 거의 없어. 속살이 부드러우면서도 쫄깃한 식감 때문에 먹을수록 감칠맛이 돌거든. 해산물 요리에는 약방의 감초처럼 빠지지 않고 들어가지. 예전에는 새우가 귀하고 값도 비싸서 쉽게 먹지 못했어. 그런데 지금은 가격이 싼 편이라 먹는 일이 많아졌어. 피자의 토핑에도 새우가 뿌려질 정도로 유행하고 있으니 그만큼 흔해졌다는 증거야.

　우리 바다에서 잡히는 새우가 갑자기 많아진 거냐고? 전혀 그렇지 않아. 외국에서 수입해서 들어온 거야. 몸매가 매끈한 흰다리새우나 얼룩덜룩 무늬가 있는 블랙타이거 새우가 대표적이지. 둘 다 손가락만큼 크고 살이 오동통해서 먹음직스러워. 그런데 여기에도 알아 두지 않으면 안 될 불편한 진실이 숨어 있단다.

　새우를 수출하는 나라들은 이걸 바다에서 잡은 게 아냐. 바닷가에서 양식으로 기른 거야. 미국 오리건 대학 연구진은 새우 100그램의 탄소 발자국이 무려 198킬로그램에 달한다는 충격적인 연구 결과를 발표했어. 휘발유로 따지면 90리터에 달하는 양이야. 이는 중형 아파트에서 3개월간 사용하는 에너지와 맞먹으며, 이때 발생한 탄소 발자국을 지우려면 연간 30년생 소나무 100그루가 필요하다고 해.

앞서 살펴본 대로 소고기가 온실가스를 가장 많이 배출한다고 알려져 있어. 하지만 새우는 소고기보다 무려 10배나 많은 탄소를 배출한다는구나. 손가락 만 한 새우 한 마리가 이 정도라니 놀랄 만도 하지.

어째서 이런 엄청난 결과가 나왔을까? 그럴 만한 이유가 있어. 새우의 생산지는 주로 동남아시아나 중남미, 동아프리카 등 적도를 중심으로 한 열대나 아열대 지방의 해안가야. 문제는 새우를 키우는 양식장인데, 그 공간을 마련하기 위해서 맹그로브 숲이 무차별하게 훼손당하고 있어.

사실 맹그로브는 우리에겐 좀 낯선 식물이야. 이 나무는 굉장한 능력이 있어. 대개 나무는 땅에서는 잘 살고 바닷물에서는 잘 살지 못해. 짠 소금기 때문에 말라죽기 쉽거든.

그런데 놀랍게도 맹그로브는 강 하구의 습지나 바닷가 갯벌에 뿌리를 내리고 산단다. 진흙 뻘밭에 뿌리를 파이프처럼 길게 뻗어내리는 것이 특징인데 이 뿌리들이 얽히고설켜 거대한 숲을 이루지.

이 숲은 해안의 침식을 막아 줄 뿐만 아니라 태풍이나 해일로 바닷물이 밀려올 때 자연 방파제 역할을 해. 게다가 온실가스인 이산화탄소를 흡수하는 능력이 열대우림보다 3배나 뛰어나고, 산소를 배출하는 양은 60배 이상이나 많대. 오염 물질도 잘 걸러 내기 때문에 맹그로브 한 그루가 대략 30~50리터의 물을 정화한다는구나.

지구환경에 꼭 필요한 숲이지만 새우 양식을 위해 마구잡이로 사라지고 있는 거야. 지난 50년간 전 세계 맹그로브 숲의 30~50퍼센트가 이런 이유로 파괴되었다고 해. 이는 아마존 열대우림이 사라지는 속도보다 4배나 빠르다는 거야.

새우 소비가 늘면 늘수록 이 속도는 더욱 빨라질 테지. 결국 우리가 먹는 새우가 맹그로브 숲을 먹어치우는 꼴이 되었단다.

초콜릿과 커피의 불편한 진실

한때 해외에서 탄소 발자국이 높은 일곱 가지 식품을 소개한 적이 있어. 여기엔 놀랍게도 소고기나 새우 외에 초콜릿과 커피가 포함되었지. 왜냐고? 전 세계적으로 수요가 많아지자 이를 생산하는 기업들이 초콜릿의 원료인 카카오와 커피나무를 심기 위해 숲을 밀어버린 거야. 카카오 1킬로그램을 생산하는 데 34킬로그램의 온실가스를 방출한다는구나.

여기에 더해 노동력 착취의 문제도 심각하게 거론되고 있어. 완제품인 초콜릿과 커피는 값이 아주 비싸. 하지만 원재료인 카카오와 커피콩은 무척 싼 가격이야. 농장의 일꾼들은 쥐꼬리만큼 임금을 받으면서 노예처럼 고된 노동에 시달리는 경우가 많아.

그래서 등장한 게 공정무역이야. 일한 대가를 제대로 보상해 주면서 거래하는 무역이지. 가격이 좀 비싸지만, 공정무역이 활성화되면 무분별한 산림 파괴를 막고, 이익만을 노리는 기업의 횡포도 막을 수 있단다.

▲ 공정 무역 표시 마크

지구의 보호막 오존층을 지켜라!

인간의 생명 활동에 꼭 필요한 산소는 원자 두 개가 결합된 형태야. 그래서 화학기호로 O_2라고 쓰지. 그런데 지구 표면에서 높이 올라간 대기권에서는 조건이 달라져서 산소 원자 세 개가 결합한 형태가 된단다. 이걸 오존이라 부르고 O_3로 표기해.

이 오존층이 지구 전체를 투명하게 감싸 주는 보호막 구실을 하고 있어. 태양으로부터 내리쬐는 자외선을 막아 주는 역할을 하거든. 자외선은 세균이나 곰팡이 등을 죽이는 좋은 역할을 해. 장마철에 눅눅한 이불을 햇볕에 널어 말리는 것도 그 때문이야. 하지만 너무 강하면 식물의 엽록체를 파괴하고 동물에게 나쁜 영향을 미치곤 해. 사람에게 피부암을 일으키는 원인이 되기도 하거든. 해수욕장에서 선크림을 바르는 것은 이 자외선을 차단하기 위해서지.

이 오존층에 문제가 생기기 시작했어. 인간이 만든 프레온가스가 원인이야. 정식 이름은 염화불화탄소인데 냉장고나 에어컨 등의 냉매, 스프레이, 소화기 분무제 등에 사용하고 있어.

이것이 처음 만들어졌을 때만 해도 꿈의 물질이라 찬사를 받았어. 독성도 없고 불에 잘 타지도 않으며, 안전성이 매우 높은 물질이기 때문이야. 하지만 이것이 지구 상공으로 올라가면 오존층을 공격한다는 사실이 밝혀져서 충격을

주었지. 오존층에 구멍이 뚫리거나 얇아지면 지표면에 닿는 자외선의 양도 당연히 늘어날 거야.

만약에 오존층이 완전히 파괴된다면 어떻게 될까? 과학자들은 인간이 생존하기 위해서는 우주선을 타고 지구를 떠나는 방법 말고는 해결책이 없다고 말하고 있어. 그렇지 않으면 과거 끔찍했던 페름기의 대멸종 같은 최악의 사태를 맞게 될 테니까. 프레온가스를 계속 사용하면 2060년경 전 세계의 오존층이 완전히 사라질 거라는 연구 결과도 있어.

다행히 이런 위험을 예견하고 1987년 '몬트리올 의정서'라는 국제협약을 맺어 오존 물질 발생을 통제하고 있지. 이런 노력에 힘입어 오존층은 서서히 회복되는 중이고, 이대로 오존층을 잘 지켜 낸다면 21세기 중후반쯤 오존층이 완전히 회복될 수 있다고 해. 전 지구적 차원에서 일어나는 환경 문제를 인류의 협력과 노력으로 해결할 수 있다는 희망의 메시지를 주는 사례란다.

기후 과학자들은 경고하고 있어,
지구의 평균 기온이 1.5도 상승하면
전 세계는 기상이변이 일상화될 만큼 큰 위험에 빠지고,
2도 상승할 때는 고삐 풀린 망아지처럼 자기조절 능력을 잃어서
어떤 사태가 일어날지 예측하기 어렵고,
3도까지 상승할 경우 인간의 생존 자체가
위태로운 혼돈 상태가 온다고 말이야.
이제 우리는 어떻게 해야 할까?

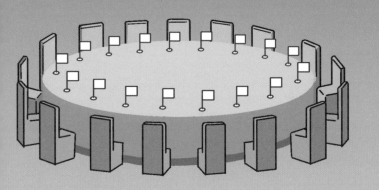

평균 기온 1.5도와의 전쟁

제5장

CO2

지구 온난화는 그저 앉아서 걱정한다고 해결될 문제가 아니야. 국제 사회는 위기 신호를 감지하고 적극적으로 움직이기 시작했어. 그래서 생겨난 게 '기후 변화에 관한 정부 간 협의체(Intergovernmental Panel on Climate Change)', 즉 영어 약자로 IPCC야. 기후 변화에 따른 지구 전체의 위험을 평가하고 국제적 대응책을 마련하기 위해 세계기상기구(WMO)와 유엔환경계획(UNEP)이 1988년 공동으로 설립한 것이지.

각국의 기상학자와 해양학자, 빙하 전문가 등 3천여 명의 전문가로 구성된 이 단체는 기후 위기와 관련된 자료를 과학적으로 분석하고 평가하는 게 주요 임무야. 그 결과를 몇 년마다 한 번씩 보고서 행태로 제출해 국제 사회에 경종을 울리곤 하는데 그중 가장 강력한 경고를 담고 있는 게 2023년 발표된 6차 보고서야.

보고서의 핵심은 인간 활동으로 인한 기후 변화의 징후가 더욱 뚜렷해졌으며, 그 강도 또한 더욱 세졌다는 내용이지. 예컨대 2014년 5차 보고서 때 예측한 2100년 지구의 평균 기온 상승폭은 1.0~3.7도였지만 이번에는 1.4~4.4도로 커졌어.

사실 지구의 평균 기온은 번갈아 가며 올랐다가 내렸다가 해. 문제는 최근의

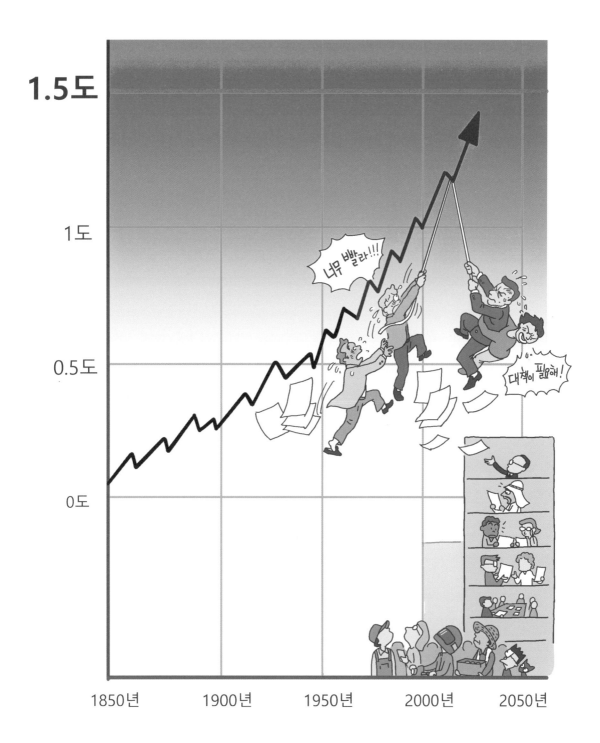

급격한 기온 상승이야. 과거에는 평균 기온이 1도가 증가하는 데 몇천 년 몇만 년의 시간이 걸리기도 했지만, 지금은 최근 100년간 평균 기온이 1도 올라갔어. 더 심각한 건 그 오름세가 시간이 갈수록 더욱 가파르게 증가하고 있다는 거야. 기온이 오르는 것보다 더 큰 문제는 오르는 속도란다.

기온이 오르더라도 오랜 시간 천천히 진행되면 동식물이 그 환경에 적응하기가 쉬워. 반면에 급격한 기온 변화가 이루어지면 적응을 못하고 나가떨어지지.

따라서 6차 보고서에서 가장 주목받은 부분은 바로 '1.5도 목표'야. 지구의 평균 온도가 산업혁명 이전 대비 1.5도 이상 오르는 일을 막자는 거지. 이것을 넘어서면 심각한 생태계 파괴는 물론이고 인간 생활에도 막대한 영향을 미친다는 얘기야. 이미 많은 과학자가 지구 평균 온도 상승률이 현재 속도대로 진행된다면 1.5도 목표 달성은 거의 불가능하다고 경고하고 있어. 그러니 지금 당장 행동에 나서야 해.

보고서는 앞으로 남은 시간을 10년으로 보고 있어. 이 기간 안에 목표치인 지구의 평균 온도를 1.5도로 이하로 조절해야 해. 설령 이 목표를 달성한다 해도 이후 30년 동안의 온난화는 피할 수 없다는 거야. 심지어 우리가 지금 당장 모든 탄소 배출을 멈추더라도 이미 대기 중에 상당한 양의 탄소가 존재하기 때문에 장기간 온난화 현상은 계속될 거라고 해. 그러니 더 이상 머뭇거릴 시간이 없어. 지금 당장 강력한 기후 변화 대책을 수립하고 실행에 옮겨야 한단다.

평균 기온 1도의 차이

요즘 지구 온도가 1도 올랐다, 혹은 1.2도 올랐다 하는 뉴스를 흔히 접하곤 해. 당장이라도 지구가 멸망할 것처럼 전 세계가 요란법석을 떨기도 하지. 이런 상황을 보면서 누군가는 "겨우 1도 남짓 오른 것 가지고 뭘 그리 난리일까?"라고 생각할 거야.

사실 일상생활에서 1~2도 오르고 내리는 것쯤은 별일 아니야. 수시로 왔다 갔다 하는 온도니까. 하지만 평균 기온은 달라. 1도가 오른 채로 1년이면 365도가 되고, 2도면 730도가 돼. 그만큼의 열기를 지구가 품게 된다는 얘기지.

반대로 지구의 평균 기온이 6도 정도 내렸을 때 빙하기가 찾아온다고 해. 그러니 1도의 차이가 얼마나 큰지 짐작이 갈 거야.

경제 성장의 어두운 그림자, 탄소 배출

교실에서 몇 명이 소란을 피우다가 반 전체가 벌을 받게 되면 어떤 기분이 들까? 얌전히 책상에 앉아 공부한 학생은 억울하기 짝이 없겠지? 지구 온난화로 인한 피해는 이런 상황과 비슷한 점이 무척 많아. 도대체 무슨 말이냐고?

지금 우리가 겪는 기후 위기는 사실 선진국들의 책임이 커. 대기 중에 온실가스의 농도가 짙어진 건 일찍부터 산업혁명에 성공한 선진국들 때문이야. 산업화 과정에서 대량의 온실가스를 배출하고 지구 환경을 파괴한 건 선진국들이니까 말이야. 그런데 지구 온난화로 인한 피해는 지구촌 모든 나라가 입고 있어. 자연재해가 특정한 나라만 골라서 발생하는 건 아니잖아!

그렇다고 무조건 선진국만 탓할 수는 없어. 이미 말했듯이 지구 온난화를 가속화한 주된 원인은 산업화에 따른 이산화탄소의 과다한 배출이야. 현재 상황만 놓고 본다면 선진국에서는 이산화탄소 배출량이 줄어드는 데 비해 후진국에서는 늘어나는 추세에 있거든.

산업혁명 이후 이산화탄소 배출량이 많아진 건 경제 성장과 깊은 관련이 있어. 산업이 발전해야 경제가 성장하니까. 연구에 따르면 세계의 경제 성장률이 3퍼센트 증가할 경우 이산화탄소 배출량은 7퍼센트나 증가한다고 해. 경제 성장이 사람들에게 풍요로운 삶을 안겨 주지만 그만큼 지구를 병들게 하는 거지.

현재 세계의 경제 성장률이 높은 쪽은 후진국들이야. 빠른 성장세를 보이고 있지. 그에 따라 이산화탄소 배출량도 급속히 늘어나고 있어. 그렇지만 이들을 마구 비난하기도 어려워. 어느 나라든 빨리 경제 성장을 이루어 선진국이 되고 싶은 건 당연한 거니까.

그런데 현재 후진국들의 온실가스 배출은 선진국의 책임도 있어. 본래 자본주의 기업은 이윤을 남기는 게 목적이야. 이윤을 크게 하려면 어떡해야 할까? 값싸게 생산해서 더 비싸게 팔아야 하지. 그래서 값싼 노동력을 찾기 위해 후진국에 공장을 세우는 경우가 많아.

가령 고급 우산을 생산하는 선진국 기업이 가난한 나라에 공장을 세웠다고 해 봐. 우산은 너무 비싸서 그 나라 사람들은 사서 쓰질 않아. 대부분 경제적 여유가 있는 선진국으로 수출하지. 이럴 때 공장을 가동해 이산화탄소를 배출하는 건 가난한 나라지만 제품을 소비하는 건 오히려 선진국이야. 선진국에서 소비를 해 주기 때문에 후진국에서 물건을 생산하는 거지. 그러니까 엄밀하게 따지면 온실가스 배출의 책임은 선진국에도 있는 거야. 따라서 서로를 탓하기보다 협력하는 자세가 필요해. 모두가 하나뿐인 지구에서 살아가야 할 한 가족이니까!

기후 불평등에 맞선 기후 정의

요즘 기후 위기란 말과 함께 새로이 등장한 게 '기후 정의'야. 세상에는 공평하지 않은 게 많아. 사실 날 때부터 그래. 사람마다 키도 얼굴도 몸집도 다 다르잖아. 어디 그뿐이야? 사는 곳도, 먹는 것도, 가진 재산도 모두 달라. 기후로 인한 피해도 마찬가지야.

똑같은 재해가 와도 피해 정도가 다 똑같지는 않아. 가난한 사람일수록 피해가 더 커질 확률이 높지. 예컨대 태풍이 휩쓸고 지나갔을 때 판잣집에 사는 사람은 집이 다 날아가지만 튼튼한 대저택에 사는 부자는 끄떡없거든.

그런데 생각해 봐. 지구 온난화로 인한 기상이변의 책임은 누구에게 더 있을까? 부자들에게 더 막중한 책임이 있어. 돈이 많은 부자일수록 자동차를 더 많이 굴리고, 냉장고나 에어컨도 더 많이 사용하고, 각종 공산품도 더 많이 소비했을 테지. 그렇다면 온실가스의 배출량도 그만큼 많은 게 당연하지 않겠어? 그런데도 기상이변으로 인해 피해를 가난한 사람이 더 크게 받는다면 굉장히 불공평한 일이지. 그래서 기후 정의가 나온 거란다. 불공평하고 정의롭지 못한 기후 불평등을 줄이자는 사회 운동이지.

이상 기후로 인한 불평등은 부유층과 빈곤층 사이에서만 있는 게 아니야. 이를 확대하면 선진국과 후진국 사이에도 발생해. 똑같은 기상이변이 발생하더

88

라도 피해를 더 많이 보는 쪽은 후진국들이야. 선진국들은 높은 수준의 기술력으로 기상이변에 대처할 준비를 잘 갖춘 편이지. 그렇지 못한 후진국들은 자연재해에 무방비로 노출될 수밖에 없어. 지구 온난화를 유발한 책임은 선진국이 더 크지만 피해는 후진국이 더 많이 보니 불공평하기 짝이 없지.

이런 문제를 해결할 방법은 무엇일까? 선진국들은 후진국을 배려할 의무가 있어. 기후 정의를 부르짖는 사람들은 잘사는 선진국들이 돈을 모아 기금 같은 걸 조성하거나 기술력을 지원해 후진국들이 재해에 대비하도록 도와야 한다고 목청을 높이고 있어.

그동안 지구에 배출한 온실가스의 양이 많으니 책임도 그만큼 많이 지는 게 당연하지 않겠어? 선진국인 유럽의 한 사람이 아프리카의 한 사람보다 무려 60배나 많은 온실가스를 배출한다는 주장도 있어. 그러니 도와준다기보다 자신들이 뿌린 재앙의 씨를 스스로 거두는 것이라고 봐야겠지.

한편에서는 탄소세를 도입하자는 주장이 나오기도 해. 탄소세란 화석연료 사용 때문에 발생한 이산화탄소 배출량에 따라 세금을 부과하는 거야. 이를 통해 온실가스의 배출을 줄이고 아울러 수입을 늘려서 친환경 정책을 개발하는 데 박차를 가할 수 있다는 이야기지.

지구 온난화를 막는 기후 협약

기후 위기는 인류의 생존을 판가름하는 절박한 문제야. 이런 생각이 전 세계적으로 널리 퍼지면서 유엔을 중심으로 국제 사회가 움직이기 시작했어.

그 첫 번째 노력은 '리우 환경 협약'이야. 1992년 세계 여러 나라가 브라질 리우에 모여 지구 온난화를 일으키는 화석연료의 사용을 줄이자는 데 합의했지. 하지만 강한 구속력이 없어서 큰 효과를 거두지는 못했단다.

그 뒤에 나온 것이 '교토 의정서'야. 1997년 일본 교토에서 합의한 기후 협약이지. 그동안 온실가스를 많이 배출한 선진국 38개국은 2010년까지 이산화탄소 배출량을 5.2퍼센트 줄여야 한다는 내용이었어. 협약에 동의한 나라에는 온난화를 일으키는 6가지(이산화탄소, 메탄, 이산화질소, 수소불화탄소, 과불화탄소, 육불화황) 온실가스를 스스로 감축해야 할 의무가 생겼지. 약속하고도 지키지 않는 나라가 있다면 무역에 불이익을 주기로 했어. 다시 말해 다른 나라들이 그 나라 제품의 수입을 제한하는 조치를 할 수 있게 된 거야. 일종의 벌칙인 셈이지.

하지만 이 협약은 중국과 미국이 빠지는 바람에 빛이 바랬어. 중국과 미국은 전 세계 탄소 배출량 1, 2위를 다투는 나라거든. 중국은 저개발 국가를 배려하는 차원에서 면제되었고, 미국은 자국의 이익을 위해 슬그머니 빠져 버렸어. 당시 대통령이었던 부시는 기후 변화보다 자국의 산업 보호에 더 신경 썼지.

탄소 배출량을 규제하다 보면 아무래도 산업 경쟁력이 약해질 우려가 있고 비용도 많이 드니까 말이야.

교토 의정서는 이런 한계를 지닌 데다 시한이 2020년 만료되었기 때문에 새로운 협약이 필요했어. 그래서 나온 것이 '파리 기후 협약'이야. 2015년 프랑스 파리에서 195개국이 참가하여 만장일치로 채택했지. 지금까지 이 협약은 쭉 이어지고 있단다.

파리 기후 협약의 핵심 내용은 산업화 이전과 비교해서 지구의 평균 온도가 1.5도 이상 상승하지 않도록 온실가스 배출량을 단계적으로 줄이자는 거야. 하지만 이 목표를 이루려면 참가국마다 산업의 체질을 바꾸어야 하니까 어려움

이 뒤따르는 것도 사실이야. 그래서일까? 이번에도 미국은 트럼프가 대통령일 때 협약 탈퇴를 선언해 버렸어. 2021년 바이든 대통령이 취임하면서 다시 복귀했지만, 2025년 트럼프가 다시 대통령이 되면서 또 탈퇴하고 말았어.

이 협약에서 정한 목표는 2100년까지야. 아주 많이 남은 것 같지만 그렇지가 않아. 현재 평균 온도는 이미 1.2도까지 오른 상태야. 더구나 상승 속도는 갈수록 더욱 빨라지고 있거든. 그러니까 당장 허리띠를 바짝 졸라매야 해.

협약에 따르면 각 나라들은 기후 변화에 대응하는 계획을 세우고 온실가스 배출량을 얼마나 줄였는지 앞으로 얼마나 더 줄일 건지 주기적으로 보고할 의무가 있어. 그런데 아무리 협정을 맺어도 각국이 노력하지 않으면 별 소용이 없지.

현재 온실가스 줄이는 데 가장 적극적으로 노력하는 곳은 유럽연합(EU)이야. 유럽연합은 대부분 선진국이라 그만큼 책임도 많지만, 다른 나라들도 본받을 만한 정책들이 많아.

대표적인 정책은 '배출권 거래제'야. 유럽의 나라들은 일찍부터 이 제도를 도입했는데 법률로 정한 온실가스 배출량을 마치 시장에서 거래하듯 사고팔 수 있는 제도지. 배출량을 줄인 기업은 내다 팔 수도 있고, 반대로 초과한 기업은 비용을 들여 사야만 해. 이를 어기면 1톤당 100유로 정도의 벌금을 물린대.

이런 정책에 발맞춰 시민들은 자가용 대신 대중교통이나 자전거 타기를 생활화하고 있어. 아울러 지역 농산물 먹기 운동도 벌이고 있대. 해외에서 수입해 오는 농산물은 운송 과정에서 배나 비행기를 이용하기 때문에 그만큼 온실가스를 내보내게 되거든. 이런 노력은 다른 나라의 본보기가 되고 있어.

제철 과일 먹기

본래 과일은 저마다 나는 계절이 따로 있어. 수박은 여름에 나고, 귤은 겨울에 나지. 그런데 요즘은 과일의 제철이 없어졌어. 예컨대 사람들이 좋아하는 딸기는 자연의 순리에 따른다면 늦봄이나 초여름에 나오는 것이 정상이야. 하지만 지금은 한겨울에 나오기 시작해. 오히려 제철에는 딸기를 먹으려고 해도 팔지를 않아.

한겨울에 딸기를 먹게 된 건 비닐하우스 덕분이야. 비닐하우스 안에 기름을 때서 온도를 높여 생산하는 거지. 한겨울 추위를 뚫고 딸기를 생산하는 일은 문명의 힘이지만 그만큼 온실가스 배출량이 늘게 돼. 딸기뿐 아니라 포도, 수박, 귤 등도 마찬가지야. 좀 더 일찍 시장에 내다 팔기 위해서 혈안이지. 마치 누가 온실가스를 더 많이 내보내나 경쟁이라도 하는 듯한 모습이야. 따라서 제철 과일을 먹는 것이 지구를 위해서도 좋고, 건강한 식생활을 위해서도 좋은 일이란다.

기후 위기의 시작은 산업혁명이야. 산업을 발전시키기 위해 석탄이나 석유 같은 화석연료를 사용하면서 온실가스 배출이 늘어난 거지. 이를 개선하려면 화석연료를 대체할 새로운 에너지가 필요해. 그래서 재생 에너지가 무척 중요하지.

사실 화석연료는 매장량이 제한되어 있어서 언젠가 바닥이 날 수밖에 없어. 반면에 재생 에너지는 아무리 써도 닳거나 없어지는 게 아니야. 끊임없이 재생하여 쓸 수가 있어. 어떤 것들이 있는지 차근차근 알아볼까?

먼저 바람을 이용한 '풍력 에너지'가 있어. 인류는 옛날부터 풍차나 돛단배 등에 바람의 힘을 이용해 왔어.

풍력 에너지는 세 가닥으로 갈라진 거대한 날개를 돌려서 전기를 얻는 방식이야.

멀리서 보면 바람개비가 돌아가는 것 같은 모습인데 날개

길이가 무려 100미터나 되는 것도 있다고 해. 정말 엄청난 크기야.

이 날개를 돌리자면 바람이 아주 세야 해. 그래서 아무 곳에나 설치할 수는 없지. 그래서 주로 산등성이나 바닷가 등에서 풍력 발전기를 많이 볼 수 있어.

바람은 아무리 써도 고갈되지 않을 뿐 아니라 공해를 일으키지도 않는단다.

태양 또한 재생 에너지로 환영받고 있어. 태양은 빛을 내고, 열도 가지고 있어. 그래서 두 가지 방식으로 활용할 수 있어. 태양광 전지를 통해 모은 빛이나 집열기라는 장치로 모은 열을 에너지로 변환하는 방식이야.

야산이나 들판, 혹은 일반 주택의 지붕에도 검은색 태양광 집열판이 가지런하게 설치된 모습을 본 적이 있을 거야. 이 장치를 통해 매일같이 써도 닳지 않고 공해도 없는 태양 에너지를 공급받을 수 있지.

처음에는 태양광을 에너지로 바꾸는 집열판의 가격이 비싸서 설치를 꺼리기도 했지만, 지금은 가격도 많이 낮아졌단다.

지열 에너지도 빠질 수 없어. 알다시피 지구의 땅속은 마그마라는 뜨거운 불덩이가 이글이글 타고 있어. 이것이 땅 표면을 뚫고 나오면 화산이 되는 거지. 땅속 깊이 들어갈수록 열은 더 높아지는데 이걸 에너지로 이용하는 거란다.

태양 에너지는 해가 떠야 에너지를 얻지만, 지열은 낮이든 밤이든 무한정 에

너지를 얻을 수 있는 장점이 있지.

그 밖에도 물의 힘을 활용한 수력 에너지, 바닷물의 흐름을 이용하는 조력 에너지, 콩, 보리, 옥수수 같은 작물에서 뽑아낸 성분으로 만든 바이오매스 에너지, 생활 폐기물을 연소하거나 가축의 분뇨를 미생물로 분해하여 만드는 폐기물 에너지 등이 있단다.

신에너지

요즘 신재생 에너지란 말을 많이 써. 이건 신에너지와 재생 에너지를 합친 말이야. 신에너지는 수소, 산소 등의 화학 반응을 통하여 얻는 에너지를 말해. 여기에는 연료 전지나 수소 에너지, 고체인 석탄을 액체나 기체 형태로 만들어 쓰는 에너지가 포함되어 있어. 신에너지는 새로 개발되고 있기 때문에 아직 널리 쓰이지는 않아. 하지만 시간이 갈수록 쓰는 비율이 높아질 거야.

RE100

산업이 발달할수록 온실가스 배출량이 많아지지. 기업의 책임이 그만큼 크다는 얘기야. 기후 위기에 관심이 있는 기업이라면 당연히 배출량을 줄이려는 노력을 기울여야 해. 그래서 요즘 중요한 사회적 관심사로 떠오른 게 RE100이야.

말이 좀 어려운 것 같지만 뜻을 풀어 보면 아주 쉬워. R은 재생(Renewable)을 뜻하고 E는 전기(Electricity)란 뜻이고, 100은 100퍼센트를 말해. 다시 말해 기업에서 소비하는 전력의 100퍼센트를 신재생에너지로 사용하자는 운동인 셈이지. 따라서 여기에 참여하는 기업은 필요한 전력을 태양광, 풍력, 수력, 지열, 바이오매스, 연료 전지 등 신재생 에너지로 바꾸려고 노력해야 해.

이 운동이 시작되자 스웨덴의 이케아를 비롯한 13개 기업이 창립회원으로 참여했고, 뒤이어 애플, 구글, 마이크로소프트, 나이키, 샤넬, 스타벅스, 화이자 등 세계 유명 기업들이 회원으로 가입했지. 우리나라도 삼성이나 엘지(LG), 에스케이(SK), 네이버, 카카오 같은 대기업이 참여하고 있단다.

금요일의 기후 혁명, 그레타 툰베리

"인류의 멸망을 원치 않는다면 200년 안에 지구를 떠나라!"

천재 물리학자 스티븐 호킹 박사가 유언처럼 남긴 말이라고 해. 기후 위기 때문에 맞이할 인류의 미래를 걱정할 때 많이 인용되곤 해. 호킹 박사의 말대로 지구가 황량한 불모지가 되어 인간이 살 수 없는 곳이 된다면 우주선을 타고 다른 행성을 찾아가지 않는 한 인류는 종말을 고할지 몰라. 이런 비극적 상황을 맞지 않으려면 당장 행동에 옮겨야 해. 빠르면 빠를수록 좋아! 이처럼 돌이킬 수 없는 기후 재앙을 막기 위해 적극 행동에 나서는 걸 기후 행동이라고 해.

기후 행동을 과감하게 실천해 전 세계인들에게 경각심을 일깨워 준 용감한 소녀가 있어. 스웨덴의 환경 운동가 그레타 툰베리야. 2019년 〈타임〉지가 선정한 올해의 인물이 되었고, 그해 노벨 평화상 후보로도 선정이 되어 아주 유명해졌지. 당시 그녀의 나이 겨우 열여섯 살이었어. 그레타가 이토록 세계인의 이목을 끈 건 기후 위기에 맞서 적극적인 행동에 나섰기 때문이야.

사실 그녀는 평범한 소녀였어. 아니, 어쩌면 평범하지 않았을지도 몰라. 자폐 장애의 일종인 아스퍼거 증후군을 앓는 소녀였으니까. 그 때문에 또래들로부터 따돌림을 당하기도 했다는구나.

그녀는 어린 시절 아버지의 영향으로 환경 문제에 관심을 가졌다고 해. 기후 변화에 대해 공부를 시작했는데, 알면 알수록 지구의 미래에 대해 절망감만 깊어 갔지. 그래서 적극적인 행동에 나선 거야. 학생 신분으로 저항할 수 있는 가장 큰 무기가 뭐겠어? 학교에 가지 않는 것이라고 그레타는 생각했어.

2018년 8월 넷째 주 금요일에 그레타는 등교를 거부했어. 어른들에게 지구의 기후가 이토록 망가질 때까지 방치한 책임을 묻기 위해서 말야. 대신 스웨덴 의회 앞에서 1인 시위를 벌였어. 손팻말에는 '기후를 위한 등교 거부'라 적혀 있었지. 이때부터 '미래를 위한 금요일'이란 이름으로 금요일마다 시위가 이어졌단다.

처음엔 혼자였지만 툰베리의 뜻에 동조하는 청소년들이 점차 생겨났어. 시위 참여자는 삽시간에 늘어났고, 급기야 전 세계의 청소년이 그녀의 뜻에 동조해 등교를 거부하는 놀라운 일이 벌어졌지 뭐야. 2019년 3월 15일 금요일에는 영국, 독일, 호주, 브라질, 인도, 일본, 필리핀, 우간다 등 100여 개의 나라에서 100만 명이 훨씬 넘는 아이들이 시위에 동참했단다.

이처럼 많은 나라의 청소년이 기후 행동에 나선 까닭은 뭘까? 그레타는 유엔 초청 연설에서 어른들에게 이런 따끔한 얘기를 했어.

"당신들은 자녀를 가장 사랑한다고 말하지만, 기후 변화에 적극 대처하지 않는 모습으로 자녀들의 미래를 훔치고 있다. 내가 날마다 느끼는

기후를 위한
등교 거부!

공포를 어른들도 느끼기를 바란다. 그리고 행동하기를 바란다. 집이 불타고 있는 것처럼 지금 당장! 왜냐하면 우리의 집이 지금 불타고 있기 때문이다."

그래, 그레타의 말이 맞아. 지금 인류의 집이라 할 수 있는 지구가 온난화의 열기로 불타오르고 있어. 당장 행동하지 않으면 그 불을 끄기 어려워. 사람들은 그녀의 연설 가운데 특히 어른들이 자녀들의 미래를 훔치고 있다는 말에 크게 자극을 받았어.

오늘 온실가스를 엄청 많이 배출했다고 해서 내일 당장 기상이변으로 지구가 망하는 건 아냐. 매일매일 축적되어 미래에 큰 재앙을 불러오는 거지. 그 미래를 살아갈 존재는 어른들이 아니라 어린이나 청소년들이야. 따라서 지금 어

른들이 화석연료를 마구 태우면서 경제적 이득을 취하는 건 어린이나 청소년들이 살아갈 미래를 훔쳐 오는 것이나 다름없어. 모든 피해는 그들에게 돌아갈 테니까. 그러니 어린이와 청소년이 자신이 살아갈 미래를 위해 기후 행동에 적극 나서는 건 너무도 정당한 일이란다.

탄소 중립 (+)(-) 제로

요즘 기후 관련 뉴스를 보면 탄소 중립이란 말이 자주 나와. 잘 알다시피 이건 탄소 배출량과 흡수량이 균형을 이루어 탄소의 실질 배출량이 0이 되는 상태를 말해. 가령 탄소 100을 배출하는 나라가 이를 흡수할 역량을 100 갖추었다면 탄소 중립을 이룬 거지. 100에서 100을 빼면 제로(0)가 되잖아!

2015년 파리 기후 협정에 따라 세계 각국은 지구의 평균 기온을 2도 이내로 제한하기로 합의하고, 이 목표를 달성하기 위한 노력으로 탄소 중립을 선언했어. 유럽연합(EU), 미국, 일본 등이 잇달아 2050년까지 탄소 중립을 달성하겠다고 발표하고 우리나라도 물론 여기에 동참했지. 세계 온실가스 배출량 1위인 중국도 2060년까지 탄소 중립을 달성하겠다고 선언했단다. 기후 변화는 수십억 세계인이 공동으로 책임져야 할 문제야. 배출량을 줄이지 않으면 지구의 미래는 없는 거니까.

전 지구인이 힘을 합쳐 병든 지구를 구해야 하는 건 맞아. 하지만 이런 노력만으로 끝내 온난화 문제가 해결되지 않고 최악의 상황으로 치닫는다면 인류는 함께 멸망하는 수밖에 없는 걸까?

꼭 그렇지는 않아. 현재 다양한 기술적 해법이 논의되고 있어. 그중 몇 가지를 소개해 볼까?

먼저 탄소 포집 기술을 들 수가 있어. 대기 중에 풀린 탄소 성분을 골라서 끌어모으는 것이지. 전기 자동차로 유명한 기업인 테슬라의 최고 경영자 일론 머스크는 탄소 포집 기술 개발에 1억 달러의 상금을 걸었고, 마이크로소프트 창업자 빌 게이츠와 세계 최대 규모의 인터넷 기업인 아마존닷컴의 제프 베조스도 관련 기업에 적극 투자를 약속했지. 유엔환경계획 산하의 IPCC가 탄소 포집 없이는 탄소 중립이 불가능하다고 밝힐 정도로 중요한 기술이야. 다만 아직은 걸음마 수준이라 이 기술이 발전하려면 지속적인 투자와 연구가 필요하단다.

다른 방법도 연구되고 있어. 일명 인공 화산 프로젝트야. 태양 에너지를 차단하기 위해 대기 중에 이산화황을 일부러 뿌리는 방법이지. 화산이 터지면 이산화황이 하늘로 올라가 햇볕을 가리기 때문에 기온이 내려가는 원리를 이용하는 거란다.

그 밖에 우주 공간에 거대한 반사경을 설치해 태양 빛을 반사하거나 인공 구름을 만들어 태양을 가리는 방법 등이 제시되고 있어. 하지만 이런 다양한 방식은 검증된 적이 없고, 미처 인류가 예상치 못한 재앙을 몰고 올 수도 있어. 가령 해수면이 올라가서 평야 지대가 침수되는 것을 막았더니 강수량이 줄어들어 어렵게 지켜 낸 평야 지대가 거대한 사막으로 변해 버리는 황당한 결말이 될 수도 있거든.

실제로 비슷한 일이 벌어지기도 했어. 중국이 인공 강우 기술을 선보여 세계의 이목을 끈 적이 있지. 폭염과 가뭄으로 바짝 말라가는 지역에 인공 구름을 만들어 비를 뿌리게 한 거야.

어떤 원리인지 궁금해? 간단히 설명하면 이래. 비행기로 하늘에 요오드, 염분, 드라이아이스 같은 화학 성분의 구름 씨앗을 대량으로 뿌리는 거야. 이 씨앗이 하늘에 떠 있는 수증기를 응결하여 무거운 물방울로 만들면 비가 내리는 원리지.

이 기술만 이용하면 더 이상 가뭄에 시달릴 걱정은 안 해도 된다고? 아니야! 곧 문제가 불거졌어. 인공 강우 기술로 비를 만들자 본래 비가 내려야 할 지역에서 비가 내리지 않게 된 거지. 현재의 기술 수준으로는 구름을 만들어 비를 내릴 수도 있고, 비구름을 제거해 화창한 날을 만들 수도 있대. 하지만 날씨를 조절하는 행위가 어떤 결과를 빚을지 모르기 때문에 함부로 쓰면 곤란하단다.

지구의 환경 시스템은 이처럼 복잡하고 예민해서 조심조심 다뤄야 해. 지구 온난화를 막으려는 과학적인 실험이 반드시 우리가 원하는 결과를 가져온다고 장담하긴 어려워. 자연에는 변수가 많아서 뜻밖의 부작용을 가져올 수도 있거든. 그러니 우리가 지금 당장 할 수 있는 기후 행동을 실천하는 게 중요해. 지금 하지 않으면 늦으니까 말이야! 이제 기후에게 이렇게 고백할 때야.

"기후야, 그동안 미안해! 제발 그만 변해. 이제는 우리가 변할게!"

페트병은 재활용이 되니까…

토끼와 여우의 방정식

자연환경은 인간의 예상치를 벗어나는 게 많아. 실제로 호주에서 일어난 일을 살펴볼까? 호주에는 원래 토끼가 살지 않았대. 누군가 사냥을 하려고 토끼를 풀어놓았는데 번식력이 워낙 강해 숲은 토끼 천지가 되었어. 토끼들이 떼로 몰려다니며 풀과 나무를 갉아 대는 바람에 숲이 황폐하게 변했단다.

그러자 토끼를 잡기 위해 여우를 풀어놓았어. 그런데 이 여우는 굴속으로 재빨리 숨어 버리는 토끼 대신 캥거루쥐 같은 쉬운 사냥감만 먹어 치웠어. 그 바람에 호주에만 사는 동물 10여 종이 멸종되는 사태가 벌어졌지. 자연을 잘못 건드리면 이처럼 혹독한 대가를 치를 수 있단다.

참고 문헌

김나나, 『지구별을 사랑하는 방법 100』, 앤의서재
김성화 · 권수진, 『미래가 온다 기후 위기』, 와이즈만북스
남성현, 『2도가 오르기 전에』, 애플북스
다르 자마일, 『지구를 위한 비가』, 경희대학교출판문화원
롭 시어스, 『지구에서 가장 큰 발자국』, 비룡소
발렌티나 카메리니, 『그레타 툰베리, 지구를 구하는 십 대 환경 운동가』, 주니어김영사
사마키 다케오, 『재밌어서 밤새 읽는 지구과학 이야기』, 더숲
신방실, 『불 때문에 난리, 물 때문에 법석! 기후 위기』, 지학사아르볼
앨리스 아웃워터, 『세상에서 가장 재미있는 지구환경』, 궁리
우쿠더스 지구이주대책위원회 , 『지구 사용 설명서』, 한솔수북
이의철, 『기후 미식』, 위즈덤하우스
이지유, 『기후변화 쫌 아는 10대』, 풀빛
최원형, 『왜요, 기후가 어떤대요?』, 동녘